주식회사
빈곤대국
아메리카

KABUSHIKIGAISHA HINKON TAIKOKU AMERIKA

by Mika Tsutsumi

ⓒ 2013 by Mika Tsutsumi

First published 2013 by Iwanami Shoten, Publishers, Tokyo.

This Korean language edition published 2014 by WILLCOMPANY, Seoul

by arrangement with the proprietor c/o Iwanami Shoten, Publishers, Tokyo.

검은 자본에 점령당한 미국의 몰락

주식회사
빈곤대국
아메리카

츠츠미 미카 지음 | 김경인 옮김

WILLCOMPANY

차례

제2장 거대한 식품피라미드

제3장 GM 종자로 세계를 지배하다

제4장 분할판매되는 공공서비스

제5장 "정치와 매스컴도 사버려라!"

에필로그 글로벌기업한테서 주권을 되찾자

　뉴욕 주 브롱크스에 살고 있는 미셸 버틀러는 매월 마지막 날 밤 1시가 되면 할인쿠폰을 들고 지하철역 바로 옆에 있는 대형할인마트로 향한다. 마트에 들어서기 무섭게 색색의 채소와 과일들이 즐비한 진열대를 쏜살같이 빠져나가 미셸의 발길이 향하는 곳은 가장 값싼 물품들이 진열된 곳이다. 1달러 48센트짜리 식빵 한 덩어리와 봉지라면, 전자레인지로 데워먹는 인스턴트식품들을 카트에 넣는다. 콘플레이크는 보통 크기보다 3배 큰 것을 고른다. 일 때문에 바쁜 아침에는 대량으로 사다놓은 통조림 스프가 편리하다. 아침식사용 시리얼과 코카콜라 2리터짜리 1병. 이것들로 가득 찬 카트를 밀고 계산대 앞으로 간 미셸은 핸드백에서 플라스틱 카드를 꺼낸다.

　계산할 액수는 총 56달러 45센트.

　미셸은 안도의 한숨을 쉰다.

"SNAP의 상한은 주당 약 29달러예요. 이것으로 2주는 버틸 수 있어요. 이 제도가 얼마나 고마운지 몰라요. 2012년 1월에 해고된 이후 지금까지 직장을 못 구하고 있는데, 저렴한 식품으로 잘만 꾸리면 어찌어찌 살아지더라고요."

SNAP(Supplemental Nutrition Assistance Program, 영양섭취 지원 프로그램)는 미국 정부가 저소득층이나 고령자, 장애인, 실업자 등에게 제공하는 식료품 지원 프로그램이다. 전에는 '푸드스탬프'라고 불렸는데, 2008년 10월 SNAP로 명칭이 바뀌었다. 신용카드와 같은 형식의 카드를 발급받아 SNAP 제휴점 계산대에서 전용기계를 이용해 결제하면 그 금액만큼 정부가 대신 지불해주는 시스템이다.

수급액수는 주(州)나 수급자의 수입에 따라 다른데, 뉴욕 주에서는 독신이면서 월수입 1,180달러 이하면 한 달에 117달러가 지원된다. 미국의 전체 평균 지급액은 132달러이고, 카드는 전국 23만 1,000개 점포에서 사용할 수 있다. 단, 기호품은 구입할 수 없고

마트에는 가공식품이 넘쳐나고 있다.

오로지 식료품만 구입해야 한다는 조건이 붙어 있다.

SNAP는 한 달에 한 번, 그것도 한밤중인 0시에 지급되기 때문에 매월 그날 그 시간만 되면 미국 각지의 할인매장은 SNAP 수급자들로 들끓는다고 한다.

미셸의 장바구니도 가공식품과 탄산음료, 통조림, 인스턴트식품 들로 가득 찼다.

"신선식품은 단가가 비싸기 때문에 항상 제일 저렴한 식품 코너로만 간답니다. SNAP가 고마운 제도이긴 하지만, 한 끼에 1달러 30센트인 셈이라 질 좋은 식사를 할 수는 없어요. 저랑 같은 시기에 해고당한 동료는 아들이 둘 있는데, 싸면서 금방 배부르게 해주는 인스턴트식품 위주로만 사도 매달 2주만 지나면 냉장고가 텅 비어버린대요. 그래서 그 동료는 다음 지급일까지 교회에서 하는 무료급식이나 NPO(민간비영리단체)의 식품배급을 찾아다니고 있어요."

미국의 빈곤율과 실업자 수는 리먼쇼크 이래 지속적으로 증가하고 있다. 국가가 정한 빈곤선은 4인 가족 기준 연수입 2만 3,314달러(약 2,300만 원)인데, 그 빈곤선 이하의 수입으로 살고 있는 국민은 현재 4,600만 명이다. 그리고 그중 1,600만 명이 어린이다. 실업률은 9.6%(2010년)인데, 구직활동을 포기한 잠재적 실업자까지 합치면 사실상 20%라는 경이로운 숫자가 된다. 16세에서 29세까지의 청년실업률을 보면 2000년도의 33%에서 현재 45%로 증가했으며, 경제적으로 자립하지 못하고 부모와 동거 중인 젊은이는

600만 명이다.

미셸 같은 SNAP 수급자는 매년 급증하고 있으며, 2012년 8월 31일 USDA(미국 농무부) 발표에 따르면 약 4,667만 373명으로 최고에 달했다. 1970년에는 국민의 50명 중 1명이 이런 프로그램의 수급자였는데, 지금은 7명 중 1명이 SNAP에 의존하고 있다는 얘기다.

"문제는, 일자리 자체가 부족하다기보다는 제대로 먹고살 만큼의 임금이 나오는 일자리를 찾기가 어렵다는 거예요."

미셸은 한때 중소기업의 비서였다. 그런데 리먼쇼크의 여파로 회사가 파산하고부터 낮에는 웨이트리스, 밤에는 바텐더 등의 아르바이트로 근근이 생활하고 있다.

미국 내의 빈곤상황을 조사하는 시민단체 '워킹푸어 패밀리 프로젝트'의 자료에 따르면, 2010년 현재 미국 내의 워킹푸어(working poor, 일은 하지만 생활수준 이하의 수입밖에 벌어들일 수 없는 빈곤층 노동자 - 옮긴이)는 1억 5,000만 명을 돌파했으며(미국 인구가 약 3억

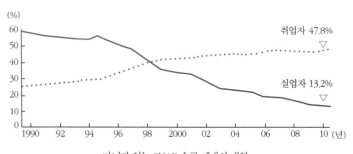

자녀가 있는 SNAP 수급 세대의 내역.
수급자는 실업자보다 취업자가 더 많다. (자료 : USDA)

명이므로 2명 중 1명은 워킹푸어), 그 4명 중 1명이 8대 저임금 서비스업 (웨이터·웨이트리스, 계산원, 소매점 점원, 가정부, 운전사, 요리사, 잡역부, 간병인)에 종사하고 있어서 임금 수령액이 빈곤선 이하라고 한다.

미셸이 SNAP를 신청한 것은 2012년 11월이었다. 그전에도 SNAP의 존재는 알고 있었지만, 아르바이트를 하면서도 혜택을 받을 수 있다는 사실은 몰랐다고 한다.

"하층민을 지원해주는 프로그램이라는 이미지였기 때문에 굳이 알아볼 생각도 안 했어요."

그렇게 직장을 알아보고 다니던 어느 날 우연히 듣게 된 라디오 광고 하나가 미셸의 운명을 바꿔놓았다. 그것은 두 여성이 나누는 대화였다.

"○○○씨 요즘 무슨 좋은 일 있나 봐! 얼굴색도 좋아지고. 무슨 특별한 관리라도 받나?"

"난 그녀의 비밀을 알지. 바로 SNAP야! SNAP로 영양가 좋은 걸 잘 먹어서 그렇게 건강해진 거라고."

"SNAP라고? 그런데 적긴 해도 수입이 있는 나 같은 사람도 그걸 받을 수 있나?"

"물론이지! 사실 나도 월급만으로는 부족해서 SNAP에 신청했어. 매달 월급이 의료비며 월세로 다 나가버리지만, SNAP 덕분에 아이들에게 제대로 된 음식을 먹일 수 있게 되어서 안심이지 뭐야! SNAP는 신청도 간단해. 자기도 꼭 신청해!"

광고의 내용은 사실이었다. 반신반의하는 마음으로 미셸은 마지막에 흘러나온 전화번호로 전화를 걸었다. 전화를 받은 인도 억양의 여성이 신청방법을 자세히 가르쳐주었다. 거주하는 도시의 사회보장사무소로 가서 신청하자 그 자리에서 승인이 났고, 2주 후에 집으로 카드가 우송되어 왔다고 한다.

"SNAP 수급 이후에 안 사실인데, 지금 온 미국이 SNAP 광고 천지예요. 텔레비전과 라디오에선 SNAP 광고가 시도 때도 없이 흘러나오고, 신문을 펼치면 제일 먼저 눈에 띄는 것이 SNAP 광고죠. 인터넷에서 뭔가 검색 좀 하려고 하면 SNAP의 배너가 뜨고, 학교나 버스정류장, 혹은 마트의 쇼윈도에도 SNAP 포스터가 붙어 있어요. USDA가 엄청난 규모의 예산을 들여서 선전하고 있는 모양이에요."

참 알다가도 모를 이야기였다.

16조 달러라는 부채를 안고 있는 미국은 리먼쇼크 이후 여러 차례 파산 위기에 직면한 바 있다. 급기야 2013년 3월에는 버락 오바마 대통령이 강제 세출삭감 안에 서명함으로써, 향후 10년간 고령자의 의료보장과 빈곤층 지원 등을 비롯해 3조 94억 달러의 세출삭감이 예정되어 있다.

빈곤층과 워킹푸어 인구가 확대되고 있는 상황이라 SNAP 지출이 매년 급증하고 있어서, 이것이 의료비와 더불어 정부예산을 크게 압박하고 있다. 2011년도 SNAP 지출은 리먼쇼크가 발생한 2008년의 2배인 750억 달러였다.

그런데도 정부는 SNAP의 광고 예산을 늘리고, USDA는 예산의 절반 이상을 압박하는 SNAP를 더 받아가라고 국민들을 선동하고 있는 것이다.

정책분석가인 존 밀렌은 오바마 대통령이 왜 고용 대책보다 생활보호 대책에 더 힘을 쏟는지 이해하기 힘들다고 말한다.

"분석가들 사이에서 오바마 씨는 '푸드스탬프 대통령'이라고 불립니다. 오바마 정권 이후 신규고용이 증가하는 것의 10배 속도로 SNAP 수급자가 증가하고 있어요. 저소득층 구제책이 필요하긴 하지만, 국가재정이 절박한 상황에서 자립을 위한 고용보다 세금

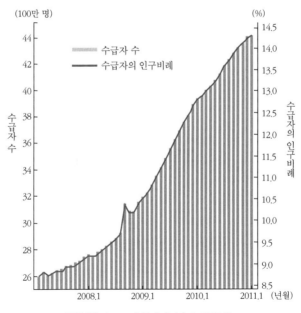

급증하는 SNAP 수급자 수 (자료 : USDA)

에 의한 생활보호 수급자를 늘려서 뭘 어쩌겠다는 걸까요?"

반면 SNAP를 관할하고 있는 USDA의 톰 빌색 장관은 SNAP는 아주 바람직한 경제정책이라고 주장한다.

"SNAP 이용자를 늘림으로써 저임금이나 실업으로 곤궁에 처해 있는 미국 국민을 구제할 뿐만 아니라, 식품업계 소비가 증가해서 경제가 활성화됩니다. 국민은 식비부담에서 해방될 뿐 아니라 영양도 제대로 섭취해서 구직활동에 적극 참여할 수 있습니다. SNAP를 취급하는 점포가 증가하면 거기서 고용도 창출될 것입니다. 즉 이것은 지금처럼 어려운 상황에 취할 수 있는 고용 대책과 국민의 영양을 배려한 적절한 정책입니다."

그런데 과연 그럴까? 빌색 장관의 논리가 맞다면 SNAP 수급자의 증가가 실업률 저하로 이어져야 옳다. 하지만 실업률은 조금도 떨어질 기미가 없다.

SNAP가 수급자의 건강에 미치는 영향에 대해서도 의사들은 의문의 목소리를 높이고 있다.

"최근 20년 동안 국내의 빈곤아동, 아이들의 2형당뇨병이 급증하고 있습니다."

보스턴비만방지기금의 감독으로 《미국의학협회저널》에 〈비만아동과 기아아동〉이라는 논문을 기고한 데이비드 러드윅 박사는 SNAP 확대와 아이들의 비만에는 밀접한 상관관계가 있다고 지적한다.

"빈곤아동은 그렇지 않은 아동에 비해 비만율이 7배나 높습니다. SNAP는 원래 아이들을 기근에서 구제하기 위한 제도여야 하는데, 현실은 아동의 의료비 증가로 이어지고 있어요. SNAP 수급자의 식생활 중심에는 정크푸드나 당분이 높은 탄산음료, 영양가 없는 가공식품 등이 있기 때문입니다. 그것이 결국 저소득층 가계를 한층 더 압박하는 악순환을 초래하고 있는 겁니다."

SNAP를 도입하고 있는 주에서도 영양 면에서 개선을 도모하기 위해 설탕이 든 주스나 캔디, 탄산음료, 트랜스지방이 함유된 식품이나 과자 등 영양가 낮은 식품을 배제하는 법안이 10개 주에서 제출되었다. 하지만 그 법안들은 이제껏 하나도 통과되지 않았다. 그 이유에 대해 러드윅 박사는 이렇게 말한다.

"SNAP의 내용을 영양 면에 치중해 개선한 법안이 나올 때마다 코카콜라나 전미캔디협회, 여러 패스트푸드점을 산하에 둔 얌브랜드, 세계 최대 슈퍼마켓 체인인 월마트 등의 식품업계가 한통속이 되어 반대하는 압력을 가하기 때문입니다."

그중에서도 월마트는 SNAP의 가장 큰 수혜를 받은 기업이다. 지난 30년간 과점화가 급속히 진행된 식품업계에서 당당히 정상을 차지하고 있는 월마트는 미국 내 소매업의 24%를 지배하고 있다. '업계 최저가' 전략을 내건 월마트는 SNAP의 식품 구입처로도 1위의 위치에 있다. 29개 도시에서 사용처의 반 이상을 점유하고 있으며, SNAP 수급자가 많은 오클라호마 같은 주에서는 2009년부터 2011년까지 2년 동안 매출액이 506억 달러에 달했다.

월마트 기업홍보 부사장인 레슬리 다흐는 자사 수익에서 SNAP

의 중요성을 이렇게 강조했다.

"SNAP로 인한 수입이 우리 회사 수입의 상당한 부분을 차지합니다. 많은 주에서 SNAP 이용자 2명 중 1명이 월마트에서 식품을 구입하고 있지요."

'공공을 위한 과학센터'라는 단체의 조사에 따르면, 탄산음료나 설탕이 함유된 청량음료업계도 2010년 한 해에만 SNAP로 인한 매출이 40억 달러에 달했다. SNAP 덕분에 이 업계에도 거액의 이익이 흘러들고 있는 것이다.

"워킹푸어 인구의 확대로, 가만히 있어도 이용자가 나날이 증가하는 SNAP는 식품업계에 귀한 돈줄이 된 셈입니다."

이렇게 지적한 사람은 맨해튼에 거주하는 보수파 칼럼니스트 라이언 길다스키다.

"SNAP의 구제대상은 곤궁에 처한 워킹푸어나 실업자도 아니고 영세농가도 아닙니다. SNAP의 매출이 흘러드는 식품업계와, SNAP로 인한 편중된 식사가 초래하는 질병으로 수익을 올리고 있는 제약업계, 그리고 SNAP 카드 사업을 맡아서 하는 금융업계, 이렇게 세 업계입니다."

1990년대 말 빌 클린턴 대통령이 실시한 복지민영화의 일환으로 푸드스탬프가 전자카드식으로 전환되었고, 이는 월스트리트의 대형은행에게 큰 사업기회를 제공해주었다. 각 주(州)가 외주하는 새로운 시스템 도입과 운영 계약의 반 이상을 수중에 넣은 은행은 대통령 선거의 기부금액 순위에서 항상 상위를 차지하는 JP모건의 자회사인 '일렉트릭 파이낸셜 서비스'였다.

SNAP 운영비와 도입비용은 연방과 주가 절반씩 부담하는데, 그 계약금이 상당히 비싸다. 그 액수는 각 주의 수급자 수에 따라 다른데, 예를 들면 뉴욕 주는 연간 1,430만 달러를, 플로리다 주는 연간 1,670만 달러를 각각 JP모건에 지불하고 있다. 수급자가 카드를 분실한 경우에는 은행 콜센터에 통화당 25센트를 내고 전화를 걸어서 분실신고를 하고, 재발행비용 5달러를 지불해야 한다.

정부가 수급자 확대에 주력하면 할수록 계약사인 대기업에 대한 지불로 주의 재정은 압박을 받게 된다. 미국 지자체의 90%가 5년 이내에 파산할 거라는 우려의 목소리가 높은 현실로 볼 때, 머잖아 힘이 다한 주는 긴축재정의 위기에 직면하고 공적기능을 하나둘 팔아넘기지 않으면 안되게 될 것이다. 또 격차가 확대된 사회에서 그러한 공공서비스의 민영화는 한층 더 심한 양극화와 빈곤의 확대를 초래하게 될 것이다.

"이것은 SNAP 수급자에게 빠져나올 수 없는 올가미를 씌우는 것입니다. 가난한 사람은 더 가난해지고, 부자는 점점 더 자산을 늘려가는 구조인 거죠."

라이언 길다스키는 말했다.

"SNAP에 대해 주의회에서는 어떤 논의들이 다루어지고 있습니까?"

"지자체 의원들은 대부분 방대해지는 SNAP 지출에 위기감을 느끼고 있습니다. IT화 도입 때도 정부는 '고용이 증가할 것'이라고 말했는데, 그때 의원들은 깨달았어야 했습니다. 이 나라의 실업자와 워킹푸어를 자립시키려면, 나쁜 식생활로 건강을 해치는 SNAP 확대에 주력할 것이 아니라, 좀 비싸더라도 영양가 있는 신선식품을 구입할 만한 임금을 받을 수 있도록 국내고용을 늘려야 했다는 것을 말이죠. 다국적기업의 목적은 주주의 이익을 올리는 것뿐, 그들에게 국내의 빈곤문제를 해결하겠다는 의지 따위는 없습니다."

길다스키의 말대로 미국 내 실업자가 SNAP의 IT화 덕분에 혜택을 본 사례는 결코 없었다. JP모건은 인건비를 최저한에 묶어두기 위해 SNAP 콜센터 업무를 당장 시급 3달러 50센트인 인도에 외주를 주었기 때문이다.

"정부는 SNAP 광고비에 상당한 예산을 낭비하고 있는 것 같은데……."

"오바마 대통령은 취임하자마자 선거기금 3대 창구인 식품·제약·금융업계에 대한 보답으로 SNAP 시장 확대에 착수했습니다. 도대체 대통령은 누구를 위해 일하는 사람일까요? 모르긴 몰라도 이 나라 국민을 위해서는 아닐 겁니다. 그리고 더 믿을 수 없는 건, 그것의 표적이 국내만이 아니었다는 겁니다."

2013년 3월.

뉴욕에 본부를 둔 사법감시단체인 '사법감시'(Judicial Watch)의 톰 피턴 회장은 2009년 USDA가 멕시코 정부와 교환한 공전(公電)을 입수했다. 문서의 내용을 본 순간 피턴은 억누를 수 없는 분노

멕시코 국경의 간판. 왼쪽은 드림법 이전, 오른쪽은 드림법 이후
(자료 : magnifiedview.com)

를 느꼈다고 한다. 그것은 미국 정부가 비자가 없는 불법 멕시코 이민 아동들에게 SNAP를 제공한다는 것, 그리고 미국 내 멕시코 영사관 50곳에 이와 관련한 통보와 신청업무 대행을 요청하는 내용이었다.

"이거야 원, 국가가 앞장서서 빈곤사업을 하겠다는 게 아니고 뭡니까?"

피턴은 화난 목소리로 이렇게 비판했다.

"오바마 대통령은 첫 임기 때 드림법(Dream Act)을 제정해 국내의 불법이민 아동들이 미국 시민권을 취득하기 쉽도록 규제를 완화했습니다. 그리고 두 번째 임기 중인 지금은 이것을 불법이민 전체에 적용시키려 하고 있어요. 이것이 실현되면 국내에 있는 이민인구의 30배인 1,100만 명의 불법이민이 시민권과 조건부 노동허가를 얻어 결국에는 국적까지 취득할 수 있게 될 것입니다. 오바마

대통령 재선의 열쇠가 되었다고 일컬어지는 히스패닉 인구는 격전
이 벌어진 주(州)에서 증가하고 있기 때문에, 이들의 수가 더 많이
증가하면 중간선거에서 민주당이 유리해지겠죠. 물론 SNAP로 이
익을 얻게 되는 3대 업계의 지원도 어마어마하게 클 겁니다.”

대통령 선거의 경우 히스패닉계 유권자 수는 2008년의 970만
명에서 2012년에는 1,220만 명으로 증가해 이미 전체 유권자 인구
의 10%를 넘은 상태다.

“이것은 국민에 대한 배신입니다. 안 그래도 제대로 먹지도 못하
는 워킹푸어와 실업자, 그리고 노숙자가 국내에 넘쳐나고 있는데,
1,100만 명의 이민이 더 들어오면 어떻게 되겠습니까? 얼마 남지
않은 일자리는 인건비가 싼 멕시코 이민들에게 뺏기고, 가격경쟁
에서 진 미국 국민은 갈수록 빈곤의 구렁텅이로 빠지게 되겠죠. 이
게 뭡니까! 이대로 가다가는 NAFTA(북미자유무역협정)의 악몽이 되
풀이될 겁니다.”

1992년 캐나다와 멕시코, 미국 간에 NAFTA가 체결되었을 때,
정부는 업계 생산과 고용이 확대되고 경제성장으로 나라가 풍요
로워질 거라고 선전했다. 하지만 사실상 싼 인건비와 규제완화로
떼돈을 번 것은 노동자가 아니라 다국적기업인 애그리비즈니스(농
산복합체)와 제약업계였다. 캐나다에서는 농가의 70%가 미국자본
에 매수되었고, 멕시코에서는 값싼 미국산 농산물에 시장을 빼앗
긴 농가들이 줄줄이 망하고 말았다. 그렇게 형성된 대량의 경제난
민이 국경을 넘어 미국으로 들어왔고, 그들은 최저임금 노동자가

되어 미국인의 직장을 빼앗았다.

500만 명의 실업자를 낳은 NAFTA에 대해 "환경과 노동자를 지키지 않고 다국적기업과 투자가만을 배불리는 어리석은 정책"이라고 국회에서 격렬히 비판한 오바마 전직 상원의원은 지금, NAFTA보다 훨씬 더 기업편애적인 자유무역조약 TPP(환태평양경제동반자협정)를 강력히 추진 중이다.

2011년 12월.

SNAP로 인해 연간 100만 달러 이상의 이익을 얻고 있는 기업에게, SNAP 수급자들이 구입한 품목의 공개를 의무화하는 프레시법(Fresh Act)이 상원에서 제출되었다. 이 법안의 발의자인 오리건 주의 론 와이덴 상원의원은 이 법안이 지금도 보류 중이라는 사실에 대해 이렇게 말한다.

오리건 주의
론 와이덴 상원의원

"지금 이 나라의 삼권분립은 역사상 유례 없는 위기에 직면해 있습니다. 모든 분야에서 대기업의 힘이 지나치게 강해져서 마침내 의회의 권한까지 초월하고 말았어요."

와이덴 의원의 말은 사실이었다. 통상소위원회 위원장이기도 한 그는 자신이 감독의 역할을 맡고 있는 TPP 교섭에 관한 정보에 접근할 수 없다. 교섭 내용을 USTR(미국 통상대표부)이 막아두고 600개 사의 기업 대표만이 열람·수정을 할 수 있게 허가해둔 상태이기 때문이다. 국민을 대표하는 국회의원이 교섭 내용을 자유롭게 볼 수도 없고 그에 관해 USTR과 협의할 수 있는 장도 마련되지 않은 현실에 위기감을 느낀 와이덴 의원은 이러한 부조리에 정면으로 도전하는 법안을 제출했다.

USTR은 TPP 교섭 문서를 모든 국회의원과 허가증을 가진 기타 직원에게 공개할 것, 교섭 내용에 관해 의원과 USTR 쌍방이 협의하게 하고 의원에게도 의견진술의 기회를 줄 것 등이 법안의 내용에 포함되어 있다.

통상교섭위원회의 직원감독인 제임스 화이트는 이러한 상황에 대해 이렇게 말한다.

"국민의 생활을 크게 좌우하는 통상교섭 분야의 정상 의원이 이런 법안까지 제출해야 할 정도로 완전히 장외로 밀려나 있습니다. 이 이상사태가 지금의 미국을 잘 표현해주고 있다고 할 것입니다. TPP 교섭 하나만 보더라도, 일본을 포함한 각국 정부는 자신들이 지금 교섭 중인 상대가 옛날의 그 미국이라고 생각해서는 안됩니다. 지금 미국 정부의 배후에는 훨씬 더 강력한 힘을 가진, 얼굴이 보이지 않는 집단이 숨어 있기 때문입니다."

부시 정권 8년이 끝나고 오바마 정권 2기에 접어들어, 막대해진 적자를 끌어안고 급기야 재정의 벼랑에 서 있는 미국.

하지만 최근 몇십년간 착실히 준비단계를 거쳐 이 나라의 권력구조를 뿌리째 변질시키고 있는 또 하나의 거대한 흐름이 있다. 그것은 지금 바야흐로 국경을 넘어 서서히 속도를 올리며 세계를 잠식하려 하고 있다.

새로운 무대로 발을 뻗는 빈곤대국 미국이 그 뒤를 쫓는 일본이나 한국과 같은 나라들의 가까운 미래를 거울처럼 비춰주고, 기로에 선 우리에게 또 하나의 선택지를 던져주고 있다.

제1장

주식회사 노예농장

그토록 꿈꾸던 퇴직생활이……

1996년 여름, 아침 식탁에서 남편이 그 신문광고를 보여줬을 때 마거릿 호크는 이상하게 가슴이 쿵쾅거리는 것을 느꼈다.

그것은 대규모 양계가공업체인 샌더슨팜스 사가 낸 계약양계업자 모집 광고였다. 이 회사는 1995년에 사업을 확대해 마거릿이 거주하는 텍사스 서부에 대규모 닭고기 가공공장과 계란시설을 신설했는데, 그에 맞춰 양계와 계란의 계약생산자를 모집하고 있었다.

마거릿의 호기심을 자극한 것은 이 회사와 계약을 맺고 있다는 한 중년 부부의 인터뷰 내용이었다. '양계'라는 새로운 사업을 시작함으로써 퇴직 후에 부수입과 보람이 생겼다는 것이다.

"나쁘진 않겠는데?"

남편 제이도 흥분한 모양이었다.

샌더슨팜스는 양계가공업계에서는 미국에서도 다섯 손가락 안에 드는 유명 기업이다. 창업자는 가족경영의 사료판매업에서 시작해 마침내 국내 종업원 8,300명과 개인 계약생산자 600세대를 소유한 연간 10억 달러 매출을 자랑하는 대기업으로 성장시켰다.

지금은 창업자의 아들이 뒤를 이어 닭을 '자연에 가까운 환경'에서 키우고 있다는 것을 기업의 자랑으로 내세우고 있었다.

동물을 좋아하는 마거릿은 새하얀 닭들에게 모이와 물을 주는 자신의 모습을 상상했다. 그것은 남편 말대로 나쁘지 않은 상상이었다. 거주지역의 할인가구점 매니저로 일하는 남편의 급료만으로는 한 달 한 달 살아가기가 빠듯했다. 양계업의 부수입은 두 사람의 노후를 위한 저축이 될 것이다. 광고에 나와 있는 다른 계약자의 말이 고교생 딸이 있는 두 사람의 마음을 한층 더 매료시켰다.

"양계는 소중한 아이들의 장래를 위한 투자로도 그만입니다."

남편이 광고에 적힌 번호로 전화를 걸었고, 이튿날 부부는 새롭게 오픈한 샌더슨팜스의 지역사무소 회의실에서 매니저로부터 설명을 들었다.

매니저의 설명에 따르면, 계란 12개당 37센트로, 매년 약 12만 1,590달러 이상의 매출이 발생한다. 경비는 연간 2만 6,700달러. 축사 건설비는 회사 측에서 호크 부부에게 대출해주고, 매출액의 60%인 5만 6,934달러를 대출상환금으로 은행에 지불하면 되니까, 나머지 3만 7,956달러가 계약자의 수중에 남게 된다고 했다.

"계약자 대부분이 12년이나 13년이면 대출금을 완납하십니다."

매니저의 마지막 말에 호크 부부는 얼굴을 마주보았다. 제이가 마른침을 삼키더니 책상 밑으로 마거릿의 손을 꼭 잡았다. 마거릿의 머릿속에 밝은 미래가 펼쳐지고 있었다. 이것으로 딸의 학비와 비상시의 의료비를 걱정하지 않아도 된다. 몇 해 전부터 남편이 가

끔씩 호소하는 가슴의 통증이 마거릿을 불안에 떨게 했다.

매니저는 두 사람의 의사를 확인한 뒤 지역은행의 명단을 건네주면서 말했다.

"여기에서 초기투자비용을 대출할 은행을 선택해주세요."

초기투자 중 가장 큰 돈이 들어가는 것은 역시 축사다. 보통 부부의 경우 2~3동이 적당하지만, 마거릿은 여동생 부부를 고려해 결국 축사 4동을 짓기로 했다. 어젯밤 마거릿은 작년에 남편이 해고된 여동생에게 전화를 걸어 이 이야기를 해주었고, 그들 부부도 돕겠다고 나선 것이다. 대출 총액은 90만 달러(약 9억원). 연간 4만 8,000달러인 제이의 수입으로는 도저히 대출할 수 있는 금액이 아니었다.

마거릿의 표정이 굳는 것을 본 매니저가 씨익 웃으며 이렇게 말했다.

"괜찮습니다, 부인. USDA의 소규모 농가 지원 제도로 농업사업용 보증회사가 중개해줄 거니까요."

대출은 그 자리에서 승인이 났다.

그로부터 얼마 후 축사 4동이 지어지기 시작했고, 그것이 거의 완성될 무렵 샌더슨팜스로부터 부부 앞으로 계약서가 한 통 날아왔다.

"이게 뭐야?"

계약서를 다 읽은 제이는 깜짝 놀라 이렇게 외쳤다. 거기에는 부화한 병아리를 다루는 방법부터 모이 주는 법 등 일체의 사육방법이 빽빽하게 적혀 있었기 때문이다. 계약자는 거기 적힌 샌더슨팜스의 방법대로만 양계장을 운영해야 했다. 멋대로 규칙을 바꿀 경우에는 회사 측이 즉시 계약을 파기할 수 있었다.

계란에 지불되는 가격은 처음 회의실에서 들은 설명과 같았지만, 새롭게 추가된 항목이 하나 있었다. 샌더슨팜스가 정기적으로 부부에게 닭을 제공하는데, 그 주기는 회사 측이 임의로 정한다는 내용이었다. 계약 내용에 대해 계약자가 불복을 주장할 권리는 없었다. 유일하게 '중재'라는 형태로만 가능한데, 그것은 애당초 불가능한 이야기였다. 중재신청 비용만 해도 수만 달러가 들기 때문이다.

계약서에 적힌 반송기한은 바로 다음 날이었다. 말도 안되는 계약 내용에 부부의 충격은 이만저만이 아니었지만, 발을 빼기에는 이미 늦은 상태였다. 축사 4동이 완성되었고, 그 건설비용을 포함한 90만 달러의 차용증서가 두 사람 명의로 되어 있었다.

"선택하고 말고 할 여지가 없었습니다."

마거릿은 그때의 상황을 이렇게 말한다.

"어떻게 계약 내용이 그렇게 바뀔 수가 있대요? 우리 둘 다 앞으로 들어올 부수입에 정신이 팔려서, 돈 벌면 이것도 하고 저것도 하고…… 그런 생각만 하고 있었지 뭐예요!"

그렇게 해서 부부는 샌더슨팜스의 정식 계약자가 되었다. 계약 내용에 적힌 사소한 규칙들을 지키는 것이 결코 쉬운 일은 아니었지만, 첫 해에는 그런대로 순조로웠다. 수중에 3만 달러가 남자 마거릿은 안도의 한숨을 쉬었다. 이대로 잘만 하면 처음에 기대한 대로 나쁘지 않은 부수입을 벌 수 있을 것 같았기 때문이다.

그런데 마거릿의 기대는 곧 어긋나고 만다. 2년째가 되자 연료비 상승으로 축사 보온에 드는 프로판가스 비용이 전년 대비 2배가 되었다. 연료비가 상승해도 회사 측에서 부부에게 지불하는 액수는 달라지지 않았다. 상승한 만큼의 비용은 부부의 책임이라고 했다.

엎친 데 덮친 격으로, 처음에 설명이 없던 또 다른 사태가 발생했다. 수천 마리의 닭들이 대량으로 마셔대는 수돗물 때문에 수도 요금이 기하급수적으로 늘어났다. 해마다 경비만 늘고 정작 수중에 남는 수입은 줄어들었다. 부부에게 지불되는 돈은 여전히 계란 12개당 37센트였다.

회사 측이 제공하는 닭을 모두 축사에 집어넣으면 깃털과 똥으로 위생상태가 최악이 되고, 초만원이 된 축사 안에서 스트레스가 쌓인 닭들이 서로를 쪼아대며 사투를 벌이기 일쑤였다. 행여 병에 걸릴세라 회사에서 보내주는 다량의 항생물질을 먹여야 했고, 일정시간 간격으로 닭의 부리를 잘라주어야 했다. 열악한 환경 탓에 죽는 닭도 적지 않았는데, 닭의 수가 줄어들면 그만큼 회사에서 지불해주는 돈의 액수도 줄어들었다.

닭이 더이상 죽지 않게 하기 위해 마거릿은 파트타임으로 일하던 슈퍼 계산원 일을 그만두고 하루 종일 양계장에 매달렸다. 하지만 수입은 계속 떨어졌고, 3년째부터는 급기야 1만 달러 아래로 떨어지고 말았다.

대출금의 함정

시작한 지 4년째가 되었을 때 회사는 축사 내 설비를 새로 바꾸든지 아니면 축사 2동을 더 늘리든지 하라고 통보했다. 다른 계약자에 비해 마거릿네 생산량이 적다는 것이 그 이유였다. 그것은 '토너먼트 시스템'이라는 방식으로, 회사는 계약자들끼리 경쟁을 시켜서 실적이 나쁜 생산자에게는 개선을 위한 신축설비를 도입하라고 요구했다.

마거릿은 그런 시스템을 도무지 이해할 수 없다고 말한다.

"그게 말이 돼요? 우린 대체 어디 사는 누구와 경쟁을 하고 있는 건지, 정말 같은 회사랑 계약을 맺은 생산자이기나 한 건지, 그 어떤 정보도 갖고 있지 않아요."

더이상 손을 쓸 여유가 없는데다 설비도 아직 충분히 사용할 수 있는 상태였지만, 이번에도 마거릿과 제이에게는 선택의 여지가 없었다. 회사가 시킨 대로 하지 않으면 계약을 파기하겠다고 엄포를 놓았기 때문이다. 만약 부부가 새로운 설비투자를 거부하면 회사는 다른 양계자와 계약을 하겠다고 했다. 불황이 계속되는 가운데 수입을 위해 계약양계업자가 되겠다고 신청하는 사람의 수가

36

해마다 증가하고 있었다. 부부는 회사의 요구를 거절하지 못하고, 아직 사용할 수 있는 설비를 새로운 모델로 바꾸기 위해 다시 은행에서 수십만 달러를 대출받았다.

마거릿과 제이는 미국 내의 계약양계업자들이 대부분 걸은 길을 답습하고 있었다. 일단 계약하고 나면 발을 빼지 못하고 일방적인 계약으로 눈덩이처럼 불어나는 빚더미에 파묻히고 만다. 미국의 양계업자들은 이것을 "대출금의 함정"이라고 부른다.

제이가 가구점 매니저 일을 그만두지 않은 것이 그나마 유일한 구원이었다고 마거릿은 말한다.

"만일 우리 둘 다 직장을 그만두고 양계장에만 매달렸더라면 지금쯤 대출금 때문에 옴짝달싹도 못했을 거예요."

제이와 마거릿의 예는 미국에서는 결코 드문 이야기가 아니다.

"양계업계는 미국 농업 중에서 가장 독점적으로 통합되어 있어요. 상당히 많은 계약양계업자가 대기업의 하청업자로 빚더미에 올라앉아 있답니다. 그들은 대부분 맨 처음 듣기 좋은 말에 현혹되어 토지와 축사를 담보로 넣고 거액의 대출금을 빌리고 말아요. 그러고는 계약서가 온 후에야 이미 발을 뺄 수 없다는 걸 알게 되는 거죠."

앨라배마 주 오번대학에서 농업학을 가르치는 로버트 테일러 교수는 미국 양계업자들의 현실을 이렇게 말한다.

"1950년에는 전체 양계장의 95%를 각 지역의 개인농가가 경영했습니다. 규모도 작고, 공동체 안에서 닭고기도 계란도 소비되는, 그야말로 지역 내 자급자족이 이루어지고 있었어요. 그런데 1970년대 말부터 정부가 농업정책을 변경함으로써 '주식회사경영'이 급증하기 시작했죠. 급기야는 단 4개 기업이 미국 전체 양계의 60%를 지배하게 되었고, 지금은 생산자의 98%가 모회사의 조건에 따라 일하는 계약양계업자인 실정입니다."

양계업계에 군림하는 4대 기업은 양계생산에서 세계 최대인 타이슨푸드(소, 돼지, 닭 가공업에서는 세계 2위), 양계생산 세계 2위인 브라질의 JBS, 퍼듀, 그리고 앞에 나온 샌더슨팜스다. "통합자"라고 불리는 이들 모회사는 과거 수십년에 걸쳐 차근차근 사료나 종계(種鷄) 공급, 생산, 도축·가공, 유통 등 일련의 업자를 매수해서 모든 기능을 산하에 두는 통합사업체로 변모했다.

회사 측이 종계, 그 특허, 사료, 항생물질, 운반용 트럭, 도축장, 그리고 브랜드명을 소유하는 한편, 계약자들은 빚을 내 투자한 축사와 노동력, 분뇨처리, 광열비 등의 유지비를 제공한다.

생산에서 소비까지 모든 과정을 기업 하나가 통합하고, 생산자를 계약노동자로 전락시킴으로써 생산비용은 대폭 감소한다. 또 그만큼 모회사로 흘러드는 수익은 급증한다. 양계업으로 얻은 이익 중 통합자인 모회사가 가져가는 이익은 30%, 계약자에게 돌아오는 건 2~3%에 불과하다.

"모회사의 세력이 지나치게 강대해진 탓에 계약양계업자의 처지가 궁핍하기 이를 데 없습니다."

테일러 교수는 말한다.

"한 업계에서 이 정도로 독점시장이 형성돼버리면 그야말로 자기 맘대로 뭐든 다 할 수 있습니다. 계약 내용이 불평등할 수밖에 없어요. 예를 들면 대부분의 경우, 처음 설명에서 경비 부분은 덮어놓고 매출이익만 부각시켜 설명한 뒤, 상대방이 낚였다 싶을 때 은행으로 데려가죠. 대개 평균 70만 달러에서 100만 달러의 대출을 받게 되는데, 이 정도 금액이면 아무리 불합리한 요구를 당하더라도 계약자는 중도에 빠져나올 수 없고, 매달 이자라도 내야 한다는 심정으로 악순환의 고리에 빠져들게 됩니다. 대학생을 빚쟁이로 몰고 가는 학자금대출과 마찬가지인 거죠."

정부가 소비자보호법에서 학자금대출을 제외시킨 탓에 빚쟁이가 된 젊은이들은 '개인파산'이라는 선택권을 빼앗기고 말았다.

"그리고 또 양계업자가 많은 텍사스나 앨라배마 같은 시골에서는 행여 누가 개인파산이라도 할라 치면 온 마을에 소문이 다 납니다. 그러니 파산 신고를 하고 싶어도 다들 울며 겨자 먹기로 참을 수밖에요."

"계약 내용에 대해 충분히 설명을 못 들었다거나, 계약 이후에 불합리한 요구를 수용해야만 하는 계약자를 보호하는 법률은 없습니까?"

"안타깝게도 그들에게는 손쓸 방법이 없습니다. 그건 그들이 정규직 사원이 아니라 외부계약자이기 때문이에요."

"그 사람들이 대부분 비슷한 경우를 당하고 있다면, 단체교섭 같은 걸 만들 수는 없나요?"

"통합자는 그 부분까지도 미리 계산해서 같은 지역의 계약자들끼리 경쟁하도록 수를 다 써놨습니다. 토너먼트 시스템으로 계약자들 사이에 라이벌 의식을 심어놓으면 그들끼리 단결해서 교섭하거나 하지 않죠. 설령 누가 그런 말을 꺼내더라도 대부분의 계약자들은 통합자의 복수가 두려워 들은 척도 안 할 겁니다. 다들 돈이 필요하니까요."

"언제부터 그렇게 된 건가요?"

"최근 30년 정도 됩니다. 소와 돼지도 마찬가지입니다. 전 미국의 농가들이 거대한 기업의 하청업자가 되었어요. 양계업계는 그 대표적인 축소판입니다. 여기서 벌어지고 있는 실태를 보면 미국의 식품과 농업에 그간 무슨 일이 벌어졌는지 다 알 수 있습니다."

"더 많이, 더 효율적으로"

미국의 식품정책이 크게 방향전환을 하기 시작한 것은 '규제완화'라는 말로 국가 전체의 구조개혁을 단행한 레이건 정권부터다.

석유가격의 급등과 이상기온에 의한 농업 파괴로 1970년대에 발생한 세계 식량위기는 미국에 크나큰 기회를 가져다주었다. 당시 세계 곡물저장의 95%를 미국의 민간기업 6개 회사가 차지하

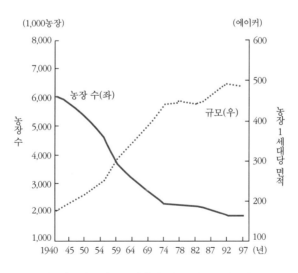

미국의 농장 수와 규모의 추이 (자료 : 미국 국세조사국)

고 있었기 때문이다. 그때부터 미국 정부에게 식량의 존재는 '자국민을 배불리기 위한 것'에서 '외교상의 무기'로 탈바꿈했고, 석유와 더불어 새로운 장기전략이 되었다. 다른 나라에 무기가 될 수 있는 식량 수출력 확대라는 이 새로운 목적에 따라, 미국의 농업정책은 자유무역 방식으로 급격히 방향을 틀었다.

당시 닉슨 정권의 윌리엄 피어스 통상교섭 부대표는 이렇게 주장했다.

"최대한으로 효율화된 대규모 농업이야말로 세계를 이끌어갈 미국의 국력이 되어야 합니다."

'강한 미국'을 구상함에 있어서 가족경영 등의 소규모 농가는 성장의 발목을 잡는 존재라는 것이 피어스의 지론이었다. 닉슨 정권 각료에 입문하기 전 피어스의 경력은 전 미국의 곡물거래 중 약 절반을 차지하는 거대 곡물거래 기업인 카길의 부사장이었다.

미국에 부여된 광활한 토지와 기술, 그리고 자본. 그 은혜를 지금 사용하지 않고 대체 언제 사용하겠다는 말인가? 전통적인 농업은 시대착오적이며 비효율적이라고 비판하고, 세계를 리드하기 위해서는 '강한 농업'을 지향해야 한다는 논조가 미국 전역에 만연했다.

닉슨 정권에서 부상한 이 방향성은 '작은 정부'를 주창하며 탄생한 레이건 정권에 의해 하나둘 실행에 옮겨졌다.

"미국의 농업은 그전하고는 전혀 질이 다른 거대한 '산업'으로 탈바꿈해갔습니다."

미주리대학의 농업경제학자 존 이카도 박사는 말한다.

"자유무역 정책에 따라 보다 많은 제품을 보다 적은 노동력으로 생산해낸다는 목표하에 토지는 집약되고, 단일재배에 집중된 대규모 공장형 산업으로 바뀌어간 겁니다. 영세농가는 소멸되고, 농업종사자는 주식회사경영에 복리후생도 없이 저임금으로 고용되는 파트타임 노동자가 되었습니다. 정부는 수출용 대규모산업으로서 농업정책을 추진하기 시작했습니다. 농업과 효율은 반드시 양립하는 게 아닌데 말이죠."

하지만 역사를 돌이켜보면 산업혁명 이후 "더 많이, 더 효율적으로"가 도입된 업계는 시차가 있을지언정 결국 같은 길을 걷고 있다. 과거 수십년 동안 미국에서 속도가 빨라진 이 거센 물결에 농업 또한 휩쓸리고 말았다.

부모님이 아이오와에서 양계장을 경영하고 있다는 잭 비어즈는 이렇게 말한다.

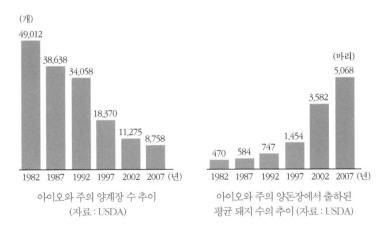

아이오와 주의 양계장 수 추이
(자료 : USDA)

아이오와 주의 양돈장에서 출하된
평균 돼지 수의 추이 (자료 : USDA)

"옛날 제 할아버지께서 아직 젊으셨을 때에는 아이오와에서 농장 경영자라고 하면 다들 동경하는 직업이었답니다. 모두 자기들 일을 너무 좋아해서, 기르던 가축이 병이라도 걸리면 조용히 다른 우리로 옮겨놓고 가족들이 돌아가면서 간병을 했답니다. 전 어렸을 때 할아버지께 그런 이야기를 들은 이후로 줄곧 농업을 동경했습니다. 어른이 되면 부모님의 양계장을 이어받을 각오로 영양학 학위를 따기 위해 대학에 갔지요."

하지만 비어즈 일가도 1980년대 이후 미국 전역에서 시작된 효율화의 물결에서 벗어날 수는 없었다.

"레이건 대통령이 '국제경쟁력', '강한 농업'을 내건 후 순식간에 업계가 집중화되었습니다. 최초의 변화는 도매업자들한테서 나타났습니다. 하나둘 합병과 통합이 이루어지기 시작했고, 1990년대가 되자 단번에 그 속도를 올리더군요. 그야말로《정글》의 악몽이 되살아나고 만 겁니다."

허수아비가 된
독점금지법

20세기 초에 출판된 사회파 작가 업튼 싱클레어의 《정글》은 열악하고 비인도적인 식육가공업계의 실태를 고발한 소설로 일세를 풍미했다. 이 소설을 계기로 미국 내에서는 치열한 논쟁이 벌어졌고, 식육을 중심으로 한 식품업계에서 '독점금지법'이 제정됐다.

그런데 레이건 정권이 들어서자마자 이 독점금지법은 허수아비로 전락하고 말았다.

"대규모 식육기업이 수많은 도소매업자를 야금야금 흡수해버림으로써, 할아버지께서 경영하신 것 같은 중소 농장은 가격경쟁에 내몰리게 되었습니다. 가축도 채소도 정성을 들여 키울수록 비용과 시간이 듭니다. 그런데 바로 이 두 가지가 급속한 과점화가 진행되고 있는 경쟁원리하에서 살아남는 데 최대의 장해물이 되고만 겁니다."

갑작스럽게 '저비용', '단기 대량생산'이라는 가혹한 경주가 시작되었다.

"농업종사자들은 초조해졌습니다. 도소매업자가 통합되어 덩치가 커질수록 미국 전역으로 유통시킬 힘을 갖게 된 그들과 계약을 맺지 않으면 시장에 출하할 수도 없게 되었습니다. 전처럼 시간과 수고를 들이는 방법은 너무 비효율적이라며 계약도 해주지 않았어요."

이렇게 소규모 양계장은 하나둘 사라지고 모두 계약양계업자가 되었다. 잭의 부모님도 유지비를 충당하기가 버거워지자 결국 카길과 계약을 맺었다.

이러한 경향은 아이오와 주만이 아니라 미국 전역으로 파문처럼 퍼져나갔다. 자금력을 가진 대기업은 합병이나 통합을 반복할 때마다 식품업계에서 거대한 힘을 장악해나갔다. 그들이 제창하는 "더 많이, 더 효율적으로"라는 가치관에 따라, 전통적인 농장은 줄줄이 대기업 산하로 흡수되어 효율적인 공장식 농장으로 개조되었다.

속 빈 강정,
식품안전심사

공장식 농장은 체계적이고 낭비를 허용하지 않는 이익확대 방식이다.

소들은 목장에서 민들레를 뜯어먹는 대신 생후 6개월이 되면 몇천 마리에 이르는 다른 소들과 함께 옮겨져 콘크리트로 둘러진 우리 안에 옴짝달싹도 할 수 없는 상태로 처박히게 된다. 돼지들이 빽빽하게 처박혀 있는 우리와 마찬가지 밀도와 환경이다. 태양광도 신선한 공기도 흙도 건초도 없다. 닭은 어둑한 닭장이나 축사에 빼곡하게 채워져 두 발이 간신히 바닥에 닿아 있을 뿐이다.

가축들이 스트레스로 인해 서로 물어뜯거나 자해행위로 내달리는 것을 예방하기 위해, 대부분의 경우 닭의 부리와 돼지의 꼬리를 미리 잘라버린다. 공장식 농장에서는 매년 출하되는 가축 약 100억 마리 중 10~20% 이상이 스트레스로 인한 부상이나 질병으로 죽는다고 한다.

그런데 공장식 농장에서 병에 걸린 소나 돼지나 닭은 더이상 살아 있는 생물 취급을 받지 못한다고 잭은 말한다.

"자동차부품 공장과 다를 게 없어요. 결함품으로 분리해 예산

아이오와 주의 공장식 양돈장 (자료 : blisstree.com, 2012.3.6)

계획에서 아예 빼버립니다. 그러는 편이 시간도 비용도 절약할 수 있고 효율적이라고 주주들이 좋아할 테니까요."

"동물보호법에 걸리지 않나요?"

이렇게 묻자 잭은 슬픈 표정으로 고개를 저었다.

"그런 대기업들은 정치가나 농무관료를 위한 거액의 후원금과 로비활동 등으로 이미 확실한 수를 써놓고 있습니다. 가축공장은 대부분 동물보호법 적용에서 제외되어 있어요. 안 믿을지 모르지만, 이 나라에서는 설령 열악한 환경의 양계장에서 살모넬라균이 나오더라도 국가는 그 양계장을 폐쇄조차 할 수 없습니다."

미국에서 1960년대에 개발되어 1997년에 WHO(세계보건기구)에 의해 국제표준으로 채택된 HACCP(위해요소 중점관리기준)는 위해요소 분석을 토대로 식품의 제조공정을 적정관리하는 식품안전보장 시스템이다.

그런데 자유무역을 추진하던 클린턴 정권하에서 HACCP는 몬산토 사의 고문변호사와 USDA의 식품안전 담당을 번갈아가며 역임한 마이클 테일러에 의해 서서히 유명무실해졌다. 1996년 USDA는 HACCP 의무화를 '식육가공' 과정에만 한정하고 '도축' 부문은 기업의 판단에 맡긴다는 개정 내용을 발표했다.

훗날 마이클 테일러와 함께 "식품 규제완화 콤비"로 일컬어진 USDA 식품안전검사국의 톰 빌리 행정관 역시 클린턴의 자유무역 추진 정책의 충실한 신봉자였다. WHO와 FAO(국제연합식량농업기구)가 합동으로 세계기준을 결정하는 식품규격위원회의 부회장을 역임한 적이 있는 빌리 행정관은 USDA가 완화시킨 HACCP 기준을 세계규격화하는 일에도 성공한다.

대다수 국가의 국내법보다 낮게 설정된 HACCP가 국제기준이 된 것은, 인건비가 싼 중국이나 멕시코 같은 개발도상국으로 공장을 이전하기 시작한 많은 식품 대기업에게 유리한 해외진출을 약속해주는 것을 의미했다.

미국 양계장에 대한 안전 규제완화의 출발점은 1986년 레이건 정권으로 거슬러올라간다. 1991년까지 재정적자를 제로로 하겠다는 그램루드만홀링스법(Gramm-Rudman-Hollings Act)이 통과되자 축산 안전심사 예산이 대폭 삭감되었다. 그때까지 닭고기 가공공장에서는 가공되기 직전의 닭을 안전심사관이 확인해서 병들었거나 죽어 있는 닭은 가공 전에 제외시켰다.

그런데 이 안전심사 과정이 공장 라인의 속도를 저하시킨다며 불만을 제기한 업계가 의회를 상대로 로비활동을 개시한다. 그 결과 법 개정과 더불어 심사관의 인건비가 말끔히 폐지되었다. 미국 내의 매스컴은 침묵으로 일관했고, 아무것도 모르는 소비자들은 반대의 목소리조차 내지 못했다.

앞서 말한 잭의 어머니 앤지 비어즈는 그때의 일을 이렇게 회상한다.

"그때 매스컴은 대형마트 보급과 해마다 떨어지는 고기 값에 대해서만 떠들어댔습니다. 사람들은 고기를 싸게 살 수 있다는 사실을 무엇보다 반가워했으니까요. 값이 떨어져 매일 고기를 먹을 수 있게 된다는 건 대부분의 미국인들에게 자신의 생활수준이 향상되었다는 증거였거든요. 깨끗하게 포장된 고기를 마트에서 사는 것이 당연해졌고, 누구도 농장에서 벌어지고 있는 변화 같은 것엔 신경도 쓰지 않았습니다. 그리고 제일 중요한 고기의 안전성에 대해서는 당연히 국가가 빈틈없이 잘 관리해주고 있을 거라고 믿어 의심치 않았지요."

1986년 이후, 미국의 닭고기 가공공장에서는 가공 전의 닭이 죽었는지 병들었는지에 대한 심사는 더이상 의무사항이 아니었다.

2001년 조지 W. 부시가 대통령에 취임하자 가축업계는 한층 업그레이드된 은혜를 입게 된다. 공장이 매년 배출하는 화학물질을 함유한 분뇨 등의 폐기물 약 12억 톤은 지역사회와 주변의 강과

지하수 등에 심각한 영향을 끼치는데, 부시 정권이 환경청의 지하수 수질검사 의무를 폐지시키고 가축폐기물 피해에 대한 기업의 책임을 면해준 것이다.

공장 안에서 동물을 취급하는 것에 대해서는, 미국 내 동물보호단체가 여러 차례 공장 노동자로 위장잠입해 비인도적인 실태를 기사나 몰래카메라 영상으로 폭로한 바 있다. 이러한 내부고발이 기업 측에 변화를 불러일으킨 경우도 적지 않았다.

2011년 8월에 고발된, 연간 출하 3억 개를 자랑하는 미국 최대의 계란공장 스파보에서 벌어진 '스파보농장 사건'은 미국 내 소비자들에게 크나큰 충격을 안겨주었다. 공장 안에서 노동자들이 웃으며 닭을 학대하는 영상이 골든타임의 뉴스에서 방영된 것이다.

뉴스를 본 국민들은 그 비인도적인 행동에 충격을 받았으며, 고객들의 클레임이 쇄도하자 VIP 계약자인 맥도날드, 타깃, 월마트는 즉시 스파보와의 계약을 해지했다.

일반적으로 가축공장 내부로 외부인은 들어갈 수 없으며, 설령 들어가더라도 카메라나 휴대전화는 절대 소지할 수 없게 되어 있었다. 하지만 위험을 무릅쓴 동물보호단체의 시도는 그 이후에도 끊이지 않았고, 기업 이미지와 매출에 막대한 영향을 미치는 국민의 혐오감 확대는 주주들의 분노를 부추겼다.

그러자 업계 측은 ALEC(미국입법교류협의회)를 통해 이 문제를 처리하기로 했다. 주의회 의원과 기업 간부가 비밀리에 법안 작성에 관여했다. 실제로 업계 로비스트 역할을 하는 ALEC는 기업에게 있

어서 아주 중요한 역할을 담당하고 있다.(제5장 참고)

ALEC는 감시의 눈을 번득이는 동물보호단체로부터 가축공장을 지키기 위해 이미 5개 주(州)가 도입하고 있던 HR0126, 통칭 '반(反)내부고발자법'을 제안했다. "옳거니! 이거라면 두 번 다시 같은 문제로 골치 아플 일은 없겠구나!" 하는 속셈에서다. HR0126이 시행되면 앞으로 공장 내부에서의 무단촬영은 기업비밀누설죄로 위법이 되기 때문이다.

즉시 아칸소, 캘리포니아, 인디애나, 네브라스카, 펜실베이니아, 테네시, 버몬트 등이 도입 수속을 개시했다. 가축공장의 콘크리트 벽은 또다시 단단히 폐쇄되었고, 경영진과 주주들은 안도로 가슴을 쓸어내렸다.

2013년 4월이 되자 식품업계가 부시 때와 다름없이 거액의 기부금으로 지원한 오바마 대통령으로부터 낭보가 날아들었다. 새로운 재정지출 삭감 목록에 '양계장 안전검사관 25% 삭감'을 포함시키겠다는 것이었다. USDA 검사관 8,000명의 해고는 국가의 적자 면에서는 3년간 고작 9,000만 달러의 삭감에 지나지 않지만, 검사관이 줄어든다는 것은 기업에게는 엄청난 이익이 된다.

기계화와 규모확대가 진행될수록 가축공장에게 안전심사관은 목에 가시 같은 존재가 되었다. 1970년대에는 1분당 46마리였던 닭 도축속도가 이제는 기술발전으로 인해 1분당 140마리를 도축할 수 있게 되었다. 양계업계는 이 도축속도를 1분당 175마리로 끌어올리려고 계획하고 있었다. 그렇게 하면 연간 2만 6,000달러의 이익증가를 노릴 수 있었다. 다만 문제는, 한 검사관이 1분당 닭 175마리를 육안으로 확인하는 것은 불가능하다는 것이다.

그런데 국가가 검사관의 인건비를 축소하게 되면, 그 결과 누락이 생기더라도 기업 측은 책임 추궁을 면하게 된다. 검사관의 인건비 삭감으로 식육업계에서 오바마 대통령에 대한 평가는 나날이 고조되었다.

과점화로 인해 규모가 커질수록 기업이 정치에 미치는 영향력도 확대된다. 공공정책이 외부인에 의한 이미지 훼손으로부터 기업을 보호하고 그들의 이익확대를 획책해주는 꼴이다. 연간 수십억 달러의 자금력을 가지고 급속성장을 지속하는 업계에게 더이상 돈으로 살 수 없는 것은 없었다.

부활한 농노제

　이제는 당연지사로 성장촉진제를 맞는 양계공장의 닭은 발병률이나 사망률이 28%에 이르는데, 이는 소나 돼지에 비하면 높은 수치다.

　"단기간에 대량의 고기를 얻을 수 있는 이 방법은 식육업계의 상식을 바꿔놓았습니다. 지금 성장촉진제 때문에 공장식 양계장의 닭들은 체중이 25년 전의 8배가 되었습니다. 내장이나 뼈의 성장이 체중 증가를 따라가지 못해, 6주째가 되면 대부분 다리가 부러지거나 폐질환에 걸리고 맙니다. 하지만 효율과 사업이익의 관

영화《푸드 주식회사》(로버트 케너 감독, 2008년)에서

점에서 보면 이것은 엄청난 발명이 아닐 수 없습니다."

그렇다면 농가의 수입에도 그만큼의 변화가 있었을까?

잭은 고개를 젓는다.

"과점화는 주주지상주의입니다. 그것의 최대 특징은 말단 농가의 이익은 보다 적게, 고객의 부담은 보다 많이, 그리고 중간업자인 대기업한테만 이익이 집중적으로 몰리는 구조입니다. 예를 들어 켄터키프라이드치킨에서 치킨을 열두 조각 사면 고객이 계산대에서 내는 돈은 26달러입니다. 그 중 켄터키 사로 21달러가 가고, 그 아래의 가공업자한테 4달러가 갑니다. 우리같이 실제로 닭을 키우는 양계장 손에는 30센트밖에 안 들어와요."

잭 부모님의 양계장 연간수입은 고작 1만 5,000달러(약 1,500만 원)다. 대기업과 계약한 이런 식의 공장식 양계장 중에서는 평균치라고 한다.

그래도 대기업 브랜드나 식품가공업자와 계약을 맺지 않으면 타산이 맞지 않아 결국 문을 닫을 수밖에 없으므로 농가는 벙어리 냉가슴 앓듯 계약을 유지하는 것이다.

"저는 이 일로 아버지와 여러 차례 다퉜습니다. 비인도적인 사육을 해서 수입은 거의 들어오지도 않고 빚만 늘어날 뿐이다, 모회사를 고발하자고 해도 아버지는 항상 말없이 고개를 저으세요. 거대기업과 싸워봤자 승산이 없다는 거죠. 게다가 설비투자분의 대출이 고스란히 남기 때문에 이대로 더 유지할 수밖에 없다고 하세요. 대기업의 고문변호사는 백전노장인데다 사후의 보복이 두려워서 계약양계업자들 대부분이 울며 겨자 먹기로 참는 겁니다."

"설비투자 대출이 어마어마하죠?"

"네. 양계만 그런 게 아닙니다. 소나 돼지도 몇몇 대기업이 모든 걸 소유하고 농가에는 그 어떤 권한도 없어요. 똑같은 방식이에요. 같은 동네에서 할아버지 때부터 양돈장을 경영하고 있는 밸리 씨네는 계약한 모회사의 지시로 돼지 6만 마리를 사육하기 위해 80만 달러의 설비투자 대출을 받았습니다. 밸리 씨는 항상 좀더 효율화해야 한다며 뭐라뭐라 불만을 말합니다. 하지만 미국에서는 이미 상위 3%의 대규모 양돈공장이 미국 전체 생산의 50% 이상을 점유하고 있어요. 지금보다 더 많은 돼지를 몰아넣는다고 해도 모회사의 이익만 증가시킬 뿐이지, 밸리 씨에게 들어오는 돈은 조금도 늘지 않을 겁니다."

"돼지 수를 늘리면 인건비는 어떻게 되나요?"

"수를 늘리면 설비투자가 증가하는 만큼 인건비를 줄이지 않으면 안됩니다. 과거 수십년간 이런 농장은 모두 대기업에 의해 매뉴얼화되었기 때문에 기술이 없는 노동자를 최저임금으로 고용합니다. 가축공장은 대량으로 사용되는 항생물질이나 분뇨 때문에 위생적으로 지독한 환경입니다. 그러니 누군들 와서 일하려고 하겠습니까? 그저 저임금에 조합도 없는 멕시코계 이민노동자들이 고용될 뿐이지요. 그들이 미국 농업노동자의 80%를 차지합니다."

USDA의 보고에 따르면, 1989년부터 2005년 사이에 식육 처리 속도가 50% 상승한 반면, 노동자의 임금과 수는 그를 뒤쫓지 못하고 있다.

"그런 노동자는 언제든 구할 수 있나요?"

"꼭 그렇지도 않아요. 구인광고를 내도 지역사람은 저희 같은 중소규모의 양계장에서는 일하고 싶어하지 않아요. 이민노동자라고 아무 때나 쉽게 찾을 수 있는 것도 아니고요. 그럴 때는 계약 중인 대기업이 지자체의 교도소에서 수감자들을 데리고 옵니다. 그들은 노동법 적용자가 아니니까요."

근면하고 영어도 잘하고 조합도 없고 복리후생도 필요 없는, 노동조건에는 한마디 불만도 토로하지 않는, 최저임금의 10분의 1 정도로 고용할 수 있는 수감노동자는 지금 미국 기업들 사이에서 최고 인기를 누리고 있는 인재 중의 인재다. 2001년 동시다발 테러 이후 국가의 최우선정책이 된 '치안과 안전보장'을 위한 각 주(州)의 엄벌주의 강화로 수감자 수는 초고속으로 증가하고 있다.

고용자 측에서 보면 수감노동자는 다른 노동자보다 훨씬 낫다고 한다.

"다른 정육 가공공장에서는 노숙자나 이민노동자를 씁니다. 하지만 열악한 저임금노동에 종사하는 가난한 사람들이 들어옴으로써 그 지역의 사회적 비용이 증가하게 돼요. 치안이 나빠지고 메디케이드(저소득자용 의료보장 제도)나 긴급구조실의 미지급액이 상승하기 때문입니다. 우리처럼 수감노동자를 고용하면, 그들은 적어도 지역주민은 아니니까 그런 문제들은 생기지 않죠."

15년이 지났지만 아직까지도 초기의 대출을 갚지 못하고 있는 잭의 어머니는 자신의 상황에 대해 이렇게 말한다.

"먼 옛날, 농장은 나에게 달콤한 꿈이었어요. 녹색이 펼쳐진 목장과 동물들. 아름답던 시절의 미국을 상징하는 풍경이죠. 텍사스에서 작은 농장을 운영하신 제 할아버지는 동물들을 애정으로 키우며 충실한 나날을 보내셨어요. 그런데 지금 내가 하고 있는 건 뭘까요? 지금 여기 있는 건 모두 누군가 다른 사람의 것입니다. 우리는 장소와 값싼 노동력을 제공할 뿐인 계약사원이고, 대기업에 진 막대한 빚을 갚기 위해 근근이 일하고 있을 뿐이에요. 이건 마치 현대판 노예제 같아요."

1980년대 이후, 미국의 목장주와 농업종사자의 자살률은 급격하게 증가하고 있다.

빚더미에 올라앉은 양계장을 잭이 물려받을 일은 없을 것이다. 감염증을 방지하는 항생물질과 고기를 붉게 하기 위해 비소를 첨가한 사료, 그 사료를 먹은 닭들의 분뇨가 증발해서 축사 안은 공기가 이만저만 나쁜 것이 아니다. 날리는 깃털과 화학물질을 장기간 들이마신 잭의 어머니는 몇 해 전부터 심상찮은 기침에 시달리고 있다. 하지만 병원에 가볼 엄두를 내지 못한다. 대출이자를 갚느라 민간 의료보험을 해약해버린 탓에 현재 무보험이기 때문이다.

"아이오와에서 규모를 넓혀 공장식으로 전환한 친구들 농장도 적지 않습니다. 이만큼 독점시장이 돼버린 이상 전통적인 농업이나 중소농가가 살아남을 기회는 더이상 없으니까요. 그런데 왠지 열정이 생기질 않아요. 어려서 동경해 마지않던 농장 자체에 대한 이미지가 완전히 바뀌어버렸어요. 이상하게 들릴지 모르지만, 대학 때 생활비를 벌기 위해 일하던 월마트 점원 일과 하나도 다를 게 없어요. 만드는 사람과 소비하는 사람이 서로 얼굴을 볼 수 없으니 말이에요."

미국의 항생물질 중 70%는 가축에게 사용된다.
(자료 : PEW Health Initiatives.com)

다른 이유에서 방법을 바꾼 농가도 있다. 미주리 주 켄슈타인에서 양돈장을 경영하고 있는 잭의 친구 루스 클레머는 역시 효율과 대량생산을 위해 2000년대 초에 공장식으로 전환한 사람 중 하나다. 좁은 콘크리트 우리 안에 돼지를 수천 마리 몰아넣고 키웠더니 질병이 자주 발생했으며, 그래서 다량의 항생물질을 투여하기 시작했다.

어느 날 루스는 주사를 놓으려다 발버둥치는 돼지에게 팔꿈치를 물리고 말았다. 서둘러 지혈을 했지만 피가 멈추지 않아 병원으로 갔는데, 물린 자리가 이미 곪아 있었다. 의사는 루스에게 항생물질을 투여했다. 그런데 무슨 이유에선지 약이 듣지 않아 나을 때까지 여러 차례 약을 바꿔야만 했다.

루스는 그때의 일을 이렇게 회상했다.

"상처를 처음 본 의사의 표정, 미지의 몹쓸 것을 보는 것 같은 그 표정을 본 순간 등줄기로 식은땀이 흘러내리더군요. 나 자신이

며칠에 한 번씩 항생물질을 주사 맞는 돼지가 된 기분이 들었습니다. 그때 이런 생각이 들더군요. 항생물질의 내성이란 게 사실이었구나. 도대체 내가 지금 출하하고 있는 것이 돼지인가? 아니면 정체 모를 미지의 그 무엇인가?"

상처가 나은 이듬해, 루스는 양돈장을 공장식에서 원래대로 되돌리고 항생물질은 전혀 투여하지 않았다. 그러자 약제비용만으로도 연간 1만 3,000달러가 절감되고 돼지들이 병에 걸리는 일도 없어졌다고 한다.

캘리포니아 주 산라파엘에 있는 비영리농업감시단체인 HFA(인간적인 영농 협회)의 자료에 따르면, 미국에서 지난 30년간 30만 세대의 농가가 소멸되었다. 가축의 판매량이 증가하는 것과 반비례해서 가축을 키우는 농가 수는 엄청난 속도로 감소하고 있는 것이다.

또 하나의 파문,
유전자변형 농산물

가축공장과 마찬가지로 1980년대 이후 미국의 식품을 크게 바꿔놓은 것은 복수의 생물 유전자를 인공적으로 합체해서 전혀 새로운 유전자 구성으로 조작한 GM(유전자변형) 농산물이다.

미국에서는 1996년부터 이 GM 기술을 이용한 종자 발매가 개시되어 현재 대두, 옥수수, 알팔파, 면화, 카놀라(식용유용), 근대 등이 재배되고 있다. 농작물에서 GM 농산물의 비율이 최근 20년 동안 급격히 확대되어, 현재 미국에서 재배되고 있는 근대의 95%, 대두의 93%, 옥수수의 40%가 GM 농산물이다. 또 GMA(가공식품제조협회)의 자료에 따르면, 미국에서 판매되고 있는 식품·가공품의 90%는 GM 농산물이 원료다. 이렇게 미국인의 식생활을 점유하는 GM 농산물의 비율이 해마다 증가하고 있다.

하지만 GM은 새로운 기술인 만큼 장기간에 걸친 환경이나 인체에 대한 영향을 검증할 만한 실험결과가 아직 확립되어 있지 않다. 그 때문에 안전성을 둘러싼 논의가 지금도 계속되고 있으며, 현재 세계에서 35개 나라가 GM 농산물의 수입을 규제하거나 전면금지 조치를 취하고 있다.

아이오와 주의 농업종사자인 라셀 리드는 대부분의 GM 농산물이 내성을 가지고 있는 제초제 '라운드업'에 대해 이렇게 말한다.

"라운드업은 GM 종자 최대 기업인 몬산토가 판매하는 제초제입니다. 주된 성분이 세계에서 가장 널리 보급되고 있는 그리호사트입니다. 몬산토는 이 제초제를, 이것에 내성을 가진 GM 종자와 반드시 세트로 해서 판매합니다. 농가가 이 제초제를 뿌리면 GM 종자 이외의 잡초만 말라죽게 되어 있어요. 그런데 유럽에서는 이미 이 제초제가 발암성을 가지고 있으며, 기형이나 천식발작을 유발하는 등 안전상에 문제가 있다고 해서 금지하고 있습니다. 뿐만 아니라 1996년에는 뉴욕에서, 2001년에는 프랑스에서 각각 소비자단체와 환경운동가들이 이 제초제에 소송을 제기한 바 있습니다."

소송은 라운드업의 라벨에 표시된 '생분해성', 즉 "땅에 떨어지면 바로 무해한 것이 되어 토양에 남지 않는다"는 주장이 허위라는 내용이었다. 결과적으로 두 건의 소송 모두 재판소가 몬산토 측에 '허위광고'라는 판결을 내렸다.

"그뿐만이 아닙니다."

라셀은 말을 이었다.

"아르헨티나에서도 몇 해 전 한 과학자 팀이 농업에서 실제로 사용되는 것보다 낮은 농도의 라운드업을 사용한 것과 선천적 이상의 인과관계를 발표해서 문제가 되었습니다. 계기가 된 것은 라운드업에 내성을 가진 GM 대두가 광범위하게 재배되고 있는 아르

몬산토의 제초제 라운드업 (좌), 일본에서 판매 중인 라운드업 (우)

헨티나의 한 농촌에서 나타난 이변입니다. 유전자를 조작해 만든 GM 대두는 제초제 라운드업의 영향을 받지 않기 때문에 다른 잡초를 죽이기 위해 매일 비행기로 라운드업을 대량 살포합니다. 그 랬더니 그 지역에서만 선천적 이상 비율이 급상승했다는 겁니다."

나는 놀라움을 금치 못하고 물었다.

"하지만 미국을 비롯해 지금 이미 시장에 유통되고 있는 건 이 라운드업 내성의 GM 농산물이 아니던가요?"

"맞습니다. 미국에서 재배되고 있는 대두의 약 90%가 그리호사트 내성의 GM 대두로, 일상적으로 라운드업이 살포되고 있습니다."

"정부는 아무런 대응도 하지 않나요?"

"EPA(미국 환경보호청)는 이 일련의 연구결과와 소송 결과를 깡그리 무시하고 있습니다. 미국 본국에서 라운드업은 여전히 나라에 의해 안전을 보장받고 있는 실정입니다."

이미 특허기간이 끝난 라운드업은 현재 상품명을 바꿔 '제네릭

판 라운드업'이 되어, 지금도 미국뿐만 아니라 일본에도 유통되고 있다.

"게다가 GM 농산물에 대해서는 학자나 연구그룹이 위험성에 대해 발표할 때마다 무슨 이유에선지 심한 공격을 받습니다. 업계의 강한 힘이 작용했는지 어땠는지는 모르지만, GM에 대해 경고를 한 학자들은 하나같이 모두 사회적으로 매장되고 말았습니다."

라셀의 말은 1998년 스코틀랜드 농업부 요청으로 GM 농산물의 안전성에 관해 세계 최초로 과학적 실험을 실시한 아파드 푸스타이 박사를 떠올리게 한다.

유전자 연구와 바이오테크놀로지(생명공학) 분야의 권위자인 푸스타이 박사는 3년에 걸쳐 GM 감자를 쥐에게 먹인 결과 쥐의 면역 시스템에 이상이 발생한 사실을 발견했다. 그런데 이 실험결과를 공표한 직후 박사는 연구소에서 쫓겨났다. 실험에 대해 매스컴에 발표하거나 연구팀과 접촉하는 것도 금지당하고, 실험자료는 모두 몰수당했다. 또 매스컴, 정부 고관과 학자그룹 등이 이 연구를 심하게 비판했으며, 결국에는 권위 있는 영국의 왕실협회까지 박사의 연구를 비난하는 성명을 발표했다. 하지만 뒤늦게 이것은 당시의 블레어 총리가 가한 정치적 압력이었다는 사실이 영국의 한 저널리스트에 의해 폭로되었다.

2001년 영국의 과학잡지 《네이처》에 GM 농산물이 멕시코의 재래종에 얼마나 나쁜 영향을 미치고 있는지에 관한 논문이 게재되었다. 얼마 지나지 않아 논문의 필자에 대한 수십 통의 중상 메일이 쇄도했다. 엄청난 메일에 압도당한 《네이처》는 이듬해 호에서 논문을 삭제했는데, 나중에야 그 메일들이 몬산토가 고용한 PR회사에 의한 것임이 판명되었다.

"이 실험결과는 폭탄이다!"

라셀은 말한다.

"2012년 9월 프랑스의 캉대학이 발표한 실험결과가 지금 상당한 논란을 빚고 있습니다. 그것은 GM 농산물의 안전을 검증한 실험으로는 최장인 2년, 그것도 스폰서기업에서 자금을 지원받지 않는 상황에서 이루어진 획기적인 실험이었습니다."

캉대학의 길레스 세랄리니 박사와 그 연구팀이 실시한, GM 옥수수가 쥐에게 미치는 영향에 관한 장기실험 결과가 식품과 화학약품의 유해성을 다루는 프랑스의 과학전문지《식품과 화학적 독물학》에 게재되었다.

푸스타이 박사를 비롯해 지금까지 GM 농산물에 대해 부정적인 연구결과를 공표한 연구자들이 온갖 공격을 받은 것을 고려해, 세랄리니 박사는 이 연구를 신중하게 추진했다고 한다.

그때까지 GM 농산물의 안전성에 관한 실험은 어느 것이나 기간이 90일 정도로 단기였으며, 연구자본은 이익단체인 바이오기업이 제공했다. 그래서 세랄리니 박사는 실험비용인 약 300만 유로를 프랑스과학연구부나 소매업재단, 사회당 교육연구센터나 유전자연구정보위원회 등에서 모집하기로 했다.

뿐만 아니라 박사는 만에 하나 벌어질 일에 대비하기 위해 연구 내용을 모두 암호화하고, 도청 방지를 위해 팀원에게 전화 사용을 금지하는 등 철저하게 정보누출을 예방했다. 실험에 사용한 GM 옥수수는 몬산토가 특허를 취득한 종자로, 이것은 함부로 사용할 수 없기 때문에 캐나다의 한 소매업자를 경유해 비밀리에 구입했다.

실험용 쥐는 200마리. 첫 번째 그룹에는 GM 옥수수(제초제와 세트로 재배된 것과 그렇지 않은 것)를 서로 다른 분량(11%, 22%, 33%)으로 배합한 세 종류의 식사를 주었다. 두 번째 그룹에는 GM 옥수수와 라운드업을, 세 번째 그룹에는 GM 옥수수 없이 라운드업 제초제만을 역시 세 종류의 분량으로 먹게 했다. 암수 20마리로 구성된 9개의 쥐 그룹(GM 옥수수를 먹인 그룹 셋, GM 옥수수와 라운드업을 모두 먹인 그룹 셋, 라운드업만 먹인 그룹 셋)을, 제초제를 사용하지 않은 보통 옥수수를 먹인 대조그룹과 비교했다.

1년 이내에 GM 옥수수를 꾸준히 먹은 그룹의 쥐들이 하나둘 발병하기 시작했다. 암컷에게는 3개월째에 유방암이, 수컷에게는 20개월 이내에 간과 신장에 기능 장애가 발생하더니 이윽고 죽고 말았다. 사망률은 보통의 옥수수를 먹인

캉대학이 공개한 쥐 실험 결과 사진
(자료 : CBS news, 2012.9.21)

쥐 그룹의 2배에서 5배였다고 한다.

이번 실험에서 쥐에게 투여된 GM 옥수수는 몬산토에 의해 미국 전역에서 재배되어 가축사료뿐만 아니라 인간이 먹는 아침식사용 시리얼이나 콘칩으로도 널리 유통되고 있는 품종이었다.

이 실험결과가 게재되자마자 세계 각지에서 태풍과도 같은 반향이 불어닥쳤다. 전직 프랑스 환경부 장관 코린 르파주는 이 상황을 이렇게 표현했다.

"문자 그대로 폭탄이 떨어진 것이다."

학회지에 잠입한
바이오기업 관계자

즉시 《뉴욕타임즈》에 반론이 들어오고, '실험용 쥐의 수가 너무 적다', '매스컴의 쇼다'. '순수한 과학이라고 말할 수 없다' 등의 비판이 게재되었다.

세랄리니 박사의 논문을 게재한 《식품과 화학적 독물학》 앞으로는 박사의 연구결과를 비판하는 대량의 투서가 배달되었다. 그런데 편집부가 조사해본 결과 발송인은 모두 GM업계와 이해관계가 있는 인물이나 단체 혹은 로비스트였다고 한다.

《식품과 화학적 독물학》의 심사는 엄격하기로 유명하다. 여러 명의 심사자가 몇 개월에 걸쳐 방법론과 평가의 타당성을 검증하고서야 비로소 공개할 만한 가치가 있는 논문으로 결론을 내린 논문만이 게재된다.

그런데 이 논문이 게재되고 수개월 후인 2013년 초 《식품과 화학적 독물학》 편집부는 갑작스럽게 인사 조치를 발표했다. 새롭게 신설된 바이오테크놀로지 부문의 담당 편집위원으로 취임한 사람은 네브라스카대학에서 식품과 알레르기를 연구한 리처드 굿맨 교수였다. 그때까지 《식품과 화학적 독물학》과 전혀 관계가 없던 외부인사를 갑자기 편집위원 자리에 앉힌 것은 이례적인 인사 조치였다. 그로 인해 차후《식품과 화학적 독물학》의 바이오 부문에 게재될 논문 선정에 대해서는 편집위원인 굿맨 교수가 권한을 갖게 되었다.

굿맨 교수는 1997년부터 2004년까지 7년간 몬산토에 근무하면서 GM 농산물의 알레르기·안전성 검사를 담당한 사람이다. 굿맨이 지금도 깊이 관여하고 있는 국제생명과학학회는 몬산토를 비롯해 GM 농산물이나 농약을 판매하는 기업들이 자금을 지원해서 독자적인 환경리스크 평가법을 정부 규제에 적용시키는 활동을 하고 있다.

《식품과 화학적 독물학》의 다른 편집위원과 함께 학술지《유전자이식 연구》에 세랄리니 팀의 연구결과를 비판하는 논문을 발표한 것은 이 학술지의 편집위원인 폴 크리스토우다.

크리스토우는 이전에도 멕시코에서 재배하는 GM 농산물의 위험성을 경고하는 버클레이대학 학자들의 연구결과를 혹평하는 논문을 발표한 적이 있다. 그는 이번 세랄리니 팀의 실험에 대해서도 자료부족으로 정확한 평가가 이뤄지지 않고 있으며, 거대한 종양이 생긴 쥐의 사진을 인터넷에 공개한 것은 부적절한 행위라고 비판했다.

크리스토우가 전에 근무한 어글레스타스라는 회사는 이미 몬산토에 매수되었고, 그 회사가 특허를 소유하고 있는 GM 농산물 제품에는 크리스토우의 이름이 개발자 중 한 사람으로 등록되어 있다.

"안타까운 일이지만, 학계에
는 업계의 어용학자들이 많이
잠입해 있습니다."

CFS(식품안전센터)의 더글러
스 셔먼 박사는 말한다.

"아카데미즘은 적절한 장소
에 논문이 게재되지 않으면 인

CFS의 더글러스 셔먼 박사

정받지 못하는 세계입니다. 업계 측은 그 방면의 권위자인 학자가
발표한 비판 논문이 세상에 미칠 영향력이 얼마나 큰지를 잘 알고
있지요. GM 농산물의 안전성에 경종을 울릴 논문이, 역시 업계의
힘을 업은 저명한 학자에 의해 사전에 교묘하게 수정되거나 게재
가 취소되는 경우도 있습니다."

"아마추어가 그 차이를 구분해내기란 어려운 일이겠지요?"

"물론이죠. 하지만 연구비 스폰서나 그 인물의 경력을 거슬러올
라가보면 이내 흑막이 보일 겁니다."

GM 식품과 원전에 공통되는
'안전 신화'

"GM 식품의 안전성은 과학으로 증명할 수 있습니까?"

"그 부분이 어려운 문제입니다. 완전히 증명할 수는 없겠지요. 왜냐하면 식품에 대해서는 장기간 먹어본 결과 나타나는 영향을 보고 판단할 수밖에 없기 때문입니다. 그리고 GM 농산물은 방사성물질과 같아서, 장기간에 걸친 극소량의 섭취에 의한 영향은 줄곧 무시되었고 정확한 연구가 이루어진 바가 없습니다. 미국 정부는 GM 농산물을 다른 유기물과 실질적으로 동등하다고 말하면서 강력한 '안전 신화'를 구축하고 있습니다. 개발기업은 GM 종자의 특허를 가지고 있기 때문에 다른 과학자가 종자를 실험에 사용하는 것을 허락하지 않습니다. 이상한 것은, 그러면서도 위험성을 지적하는 연구결과를 두고 자료가 미비하다고 비판하는 사람들이 그 이후에 적절한 형태의 실험을 제대로 시도하는 경우가 절대 없다는 겁니다."

장기간에 걸친 영향을 조사하기 위해서는 상품 라벨에 GM임을 표시할 필요가 있다. 그런데도 미국 정부는 여전히 표시는 매출에 부정적인 영향을 미친다는 업계의 요청을 받아들여 '실질적으로

동등한 것으로 간주'되므로 표시의무가 없다는 주장만 고집하고
있다.

"후쿠시마 제1원전 사고 후 일단 정지시킨 원전의 재가동에 반
대하는 여론이 높아지자, 원전을 멈추면 전력이 부족하다는 논조
가 매스컴을 통해 일본 전역에 퍼져나갔습니다. 그리고 일본 정부
는 그것을 이유로 두 곳의 원전을 재가동하도록 허가했습니다."

"GM 농산물도 그와 다를 게 전혀 없습니다. 이쪽은 미국인이 좋
아하는 인도적 지원을 구실로 '개발도상국의 기아를 구원하는 GM
농산물'이라는 대규모 캠페인과 더불어 도입된 것이 그 시작이었
습니다. 그 후 GM 농산물 라벨표시의무화를 묻는 주민투표가 실
시될 때마다 기업 측은 의무화하면 식품가격이 올라간다는 근거
없는 공포를 유포해 사람들을 부결 쪽으로 몰아가고 있습니다."

"추진파와 반대파가 논의할 수 있는 장은 마련되어 있나요?"

"그것도 원전 논의와 마찬가지로, GM 농산물 추진파는 반대파
의 의견을 완전히 무시하거나 비과학적이라느니 감정적이라느니
하면서 일언지하에 내쳐버립니다. NPO를 가장한 로비스트가 가
끔 텔레비전에 나오는데, 논점을 교묘하게 피해가거나, 전문용어
를 마구 사용해서 시청자들이 알아먹을 수 없게 하거나, 반대파의
언동이 과격하다고 호들갑을 떨고 피해망상에 사로잡혀 있다는
이미지를 심어주는 등의 테크닉을 사용하죠. 그걸 본 일반 국민들
은 그놈이 그놈 같으니 오리무중이 되고 마는 겁니다."

짓밟힌 주민투표

2012년 11월. 거액의 자금경쟁이 되어버린 미국 대통령 선거가 한창 열을 올리고 있던 그때, 캘리포니아 주에서는 미국 소비자에게 또 하나의 중대한 주민투표가 실시되고 있었다. 바로 GM 식품의 라벨표시의무화를 묻는 법안인 '프로포지션 37'에 대한 주민투표였다.

이 법안은 현재 23개 주에서 논의 중인 것으로, 지금까지도 코네티컷 주나 오리건 주, 버몬트 주 등에서 제안되긴 했지만 모두 부결되었다.

이 법안을 둘러싼 논의는 찬성파가 '먹을거리에 대한 소비자의 알 권리'를 주장하는 한편, 반대파는 '위험성 지적은 비과학적'이라며 비판하는 대립구조다.

과연 캘리포니아 주의 주민투표 결과 역시 찬성 44.8%, 반대 55.2%로 부결되었다.

가결되면 미국 최초로 'GM 식품 라벨표시의무화'가 성립되었을 이 법안에 대해, 몬산토를 비롯한 대규모 바이오식품기업은 "표시의무화에 뒤따를 수고와 인건비 때문에 식품가격이 급상승할 것"

이라며 대규모 반대운동을 전개했다. 800만 달러를 투자한 몬산토를 필두로 기업 측이 반대 캠페인에 쏟아부은 총액은 4,600만 달러로, 찬성파가 모은 920만 달러의 약 5배에 이르는 자금을 들였다.

뉴욕 주에서 선출된 민주당의 루이즈 슬로타 하원의원은 반대파의 '비과학적'이라는 주장은 틀리지 않았다고 말한다.

"실제로 GM 식품이 인체와 환경에 미치는 영향은 과학적으로 해명되었다고는 아직 말할 수 없습니다. 장기간에 걸친 실험이 이루어지지 않고 있는 이상 인과관계를 증명할 수 없기 때문입니다."

다만 슬로타 의원은 다음과 같이 말을 잇는다.

"지금 문제가 되고 있는 주민투표의 본질은 반대파의 주장과는 별개의 것에 있습니다. GM 식품의 영향이 어떻고 하는 것이 문제가 아닙니다. 문제없다고 생각하는 사람도 많을 겁니다. 실제로 이 나라에서 팔리고 있는 대두, 옥수수, 면 등의 70%가 GM이고, 가공식품의 90%는 원재료가 GM이니까요. 그런 게 아니라, 소비자가 자기 입 속으로 들어가는 식품을 선택할 권리를 갖느냐 못 갖느냐 하는 국민주권의 문제인 것입니다."

샌프란시스코에 거주하는 환경저널리스트 데이지 루사는 안전을 감시해야 하는 정부가 국민보다 기업 편에 서 있다고 강하게 비판한다.

"미국 정부의 규제기관은 기업과 유착하고 있습니다. 중립적인 입장의 제3기관에 의한 안전성 검증도 이루어지지 않고, 국민에게는 선택의 여지도 주어지지 않습니다. 이런 상황을 보면 그야말로 미국은 GM 농산물의 인체실험장입니다. 다른 많은 분야와 마찬가지로 이 분야에서도 거대기업이 미국의 사법을 초월한 권력을 쥐고 만 겁니다. 캘리포니아 주의 주민투표 결과는 판도라의 상자를 열어버린 격입니다."

루사의 말은 과거 30년간 급속도로 진행된 GM 식품을 둘러싼 미국의 상황을 표현하기에는 지극히 소극적이고 억제된 표현이 아닐 수 없다. 판도라의 상자는 다른 손에 의해 진작에 열려 있었기 때문이다.

암호는
'말하지도 말고 묻지도 마라'

1992년 부시 정권의 제임스 퀘일 부통령은 새로운 농업정책을 발표했다.

"바이오테크놀로지 관련 제품은 실질적으로 일반 제품과 똑같다고 보고, 특별한 규제는 필요치 않은 것으로 간주한다."(자료 : USDA Food Derived from New Plant Varieties, Federal Register 57, No.104, 1992)

그 안전성과 기준 설정에 대해서도 따로 전문기관을 두지 않고 USDA나 FDA(미국 식품의약국), EPA, NIH(미국 국립보건원) 같은 기존의 정부기관에 맡기기로 했다.

① 삽입 유전자의 안전성(급성독성)
② 삽입 유전자에 의해 생산되는 단백질의 유해성 유무(급성독성)
③ 알레르기 유발성의 유무
④ 삽입 유전자가 간접적으로 작용해 다른 유해물질을 생성할 가능성
⑤ 유전자 삽입에 의해 주요 성분에 중대한 변화가 일어날 가능성

정부는 이러한 심사는 GM 개발기업 측이 제출하는 서류만으로 충분하며, 제3기관에 의한 실험은 불필요하다고 말한다. 신제품이 나올 때마다 기업 측이 자기신고 서류를 제출하면 그것으로 거의 대부분이 승인을 받는 시스템이다. 간략화된 이 심사방법을 반대하는 전문가들의 목소리가 높았지만, 이 방법은 레이건 정권 이후 미국이 지향한 '작은 정부로 기업의 국제경쟁력에 공헌한다'는 정책에 딱 들어맞았다. 신제품 개발이 늦어지는 원인을 정부의 손으로 제거한다면 GM 농산물 사업이 꽃을 피우기 위한 출구가 보다 신속하게 열릴 것이기 때문이다.

카터 정권하에서 USDA의 직원이었던 클레어 커밍스는 이 법률이 지금도 GM 개발기업에 지배권을 계속 내주고 있다고 비판한다. 그 후 미국에서는 GM 농산물을 규제하는 법률은 단 하나도 제정되지 않았다.

커밍스는 지금도 미국 정부의 GM 농산물 안전심사 기준이 가장 중요한 '유전자'가 아니라 1960년대의 화학이나 박테리아용 심사법을 이용하고 있음을 문제시한다.

"설상가상으로 정부의 안전심사는 아직도 개발기업의 자기신고 서류만 확인할 뿐입니다. FDA의 한 직원은 GM 농산물의 안전심사에 대해 이런 표현을 사용하더군요. '말하지도 말고 묻지도 마라!' 개발기업에서 문제를 신고하지 않는 한 입 다물고 있으라는 말입니다."

GM 농산물은 재래종과 모양과 영양소에 있어서 크게 다르지 않다는 이유로 '실질적으로 동등'하게 취급된다.

이 정의는 기업에 의한 GM 농산물 붐을 단번에 가속화시키고 그 이후의 미국 역사, 그리고 세계에서 식품의 위상을 크게 바꿔놓게 된다.

제2장

거대한 식품피라미드

'유기농 치킨'은 어디까지가 유기농인가?

수직통합 붐이 시작되다

레이건 정권하의 독점금지법 규제완화가 초래한 급속한 수직통합 붐은 그 후 수십년간 미국의 농업과 식품업계를 크게 바꾸어놓았다. '수직통합'이란 생산공정이 다른 기업에 의해 제휴나 합병, 또는 매수됨으로써 경쟁자가 사라지고 시장이 통합되는 것을 말한다. 거대기업의 산업독점을 저지하기 위해 한때는 미국에서 금지되어 있었는데, 최근 들어 크게 완화되고 말았다.

그 결과 대규모 식료품점이 지역의 소매업자나 경쟁상대인 교외의 회원제 대형할인매장 등을 차근차근 매수해 산하로 쓸어모으기 시작했다.

실질적인 목적은 기업의 이익확대였지만 대외적 슬로건인 "온 나라 식탁에 싸고 신선한 식재료를!"이라는 말에는 매력이 넘쳤다. 지역의 소매점이나 직매장보다 훨씬 싸고 선택의 폭도 다양하게 산더미처럼 쌓인 식품들은 지방도시에 사는 수많은 주민들을 황홀하게 만들었다.

노스캐롤라이나 주 사바나에 사는 로잘린 한나는 지역에 대규모 슈퍼가 오픈했을 때의 일을 이렇게 회상한다.

"맨 처음 가게에 발을 들여놓았을 때는 마치 꿈을 꾸고 있는 것 같았어요. 수많은 상품들이 진열되어 있고, 무엇보다 반가운 건 가격이 다른 데보다 훨씬 싸다는 거였지요. 지역에서는 도저히 구할 수 없는 채소나 과일도 있지 뭐예요! 수입이 적더라도 선택폭이 넓어지는 만큼 이렇게 우아해질 수 있구나, 이 얼마나 편리한 세상인가 하는 생각이 들더군요."

이런 매수극(劇)이라는 순풍을 타고 대성공을 거둔 것이 1988년 창업 이후 고작 12년 만에 미국 소매업의 정상에 우뚝 선 대규모 마켓 월마트다. 엄청난 기세로 몰아붙인 이 업계 재편이 2000년이 되어 일단락되었을 때, 경쟁에 패한 무수히 많은 소매업들의 시체 더미 위에는 홀로 우뚝 선 월마트가 군림하고 있었다.

월마트는 그 후 국내뿐만 아니라 국외에서도 합병과 매수를 추진해서 한층 더 규모를 확대해나갔다. 그 결과 2013년에는 국내에 4,740개 점포를 소유하고 순매출액 4,661억 달러에 달하는, 미국에서 매주 2억 명, 세계에서는 72억 명의 고객이 방문하는 세계 제일의 소매기업이 되었다.

지금은 매출의 절반 이상을 식품이 차지하고 있고, 미국 어디선가 식품이 구입될 때마다 3달러 중 1달러는 월마트의 주머니로 들어간다고 한다.(자료 : 《뉴욕타임즈》 2011.4.24)

과점화로 인해 1등이 된 월마트의 영향력은 미국경제의 구석구석까지 미치지 않는 곳이 없고, 식품업계는 완전히 그 지배하에 놓이게 되었다.

"월마트의 최대 무기는 '싼 가격'입니다. 가격을 싸게 하기 위해 인건비는 최소한으로 억제하고 노동조합도 없습니다. 게다가 농가나 가공업자, 그리고 납품업자는 철저한 비용절감을 강요당합니다."

테네시 주 프랭클린에 사는 유통컨설턴트 스티브 와젤은 월마트의 성공전략에 대해 이렇게 설명한다.

"월마트는 상품의 구매처와 물류기업 등 계약한 공급자들에게 엄격한 비용삭감과 품질향상, 공정기간 단축 등 자사의 독자적인 방식을 도입하도록 강요합니다. 이에 대한 교섭은 일절 할 수 없어요. 물류 부분의 비용삭감이 월마트의 높은 경쟁력을 유지하는 열쇠이기 때문입니다. 인건비 삭감을 위해 하청기업 도입도 적극적으로 추진하고 있습니다. 경쟁률은 높고, 어쩌다 선정되어 계약을 맺는다고 해서 그것으로 끝나는 게 아닌데도 다들 죽을힘을 다해 거기에 맞추려고 합니다. 세계 제일을 달리는 월마트의 진열대에 상품을 올려놓는다는 것은 소매업자에게는 성공으로 가는 계단이니까요."

"계약을 맺은 뒤에 또 뭐가 있는데요?"

"유통과 관련해 발생하는 문제들을 매우 엄격하게 단속합니다. 상품의 수주착오나 매출부진 같은 건 모두 납품업자에게 페널티를 부과합니다. 상품이 정해진 시간보다 늦게 도착하는 건 말할 것도 없고, 빨리 도착해도 그만큼의 창고대금을 납품업자에게 부과하는 거예요. 하지만 이런 걸 철저하게 관리하기 때문에 월마트는 '싼 가격'으로 '매일 구입할 수 있다'고 고객과 한 약속을 지킬 수 있는 겁니다."

세계 제일의 규모를 유지하기 위해서는 충분한 상품량도 중요하다.

예컨대 월마트는 매년 4~5억 킬로그램의 쇠고기를 발주한다. 계약자는 이것을 효율적으로 저가에 공급하고 월마트의 온갖 기술적 요구도 만족시키지 않으면 안된다. 결과적으로 중소 생산자는 들어갈 수 없고 몇 곳의 대규모 사업자만이 계약을 따낼 수 있다. 이렇게 해서 월마트와 미국의 4대 식품생산업자(타이슨푸드, 크래프트푸드, 제너럴밀스, 딘푸드) 간에 분명한 상하관계가 형성되었다. 비용삭감을 비롯한 월마트의 요구에 그 누구도 "안돼요!"라고 말하지 못한다. 월마트의 요구를 충족시키지 못한 기업은 여지없이 내팽개쳐지기 때문이다.

각양각색의 농작물을 키우던 중소농가가 사라지면, 그와 관련이 있는 같은 지역 내의 다른 상점들도 연쇄적으로 타격을 받는다. 농가들이 망한 후 농지들은 집약되어 대두나 옥수수처럼 보다 출하하기 쉬운 대규모 단일재배로 대체된다.

소규모 농가들 사이에서는 지방도시로 침입해온 월마트를 종종 밀밭에 불어닥친 태풍에 빗대어 표현한다. 지역의 중소생산자를 무시무시한 기세로 모조리 휩쓸어버리기 때문이다.

《네이션》의 편집자이며 음식 관련 논픽션 작가인 안나 라페는 월마트가 미국의 지역사회에 미치는 영향에 대해 계속해서 문제제기를 하고 있다.

"월마트가 지역에 들어오면 중소규모의 생산자는 순식간에 가격경쟁에 내몰리게 됩니다. 식품을 비롯해 의복과 가전까지 모두 월마트 한 점포에서 싸게 살 수 있기 때문이죠. 살아남기 위해서는 자기들도 상품의 질이나 인건비를 낮춰서 비용절감으로 대항할 수밖에 없는데, 그러다 결국 대개는 문을 닫을 수밖에 없어요. 상점가가 줄줄이 문을 닫아버린 지역사회는 다양성을 잃게 되고, 결국 그곳에 계승되던 문화와 전통은 물론이고 공동체 역시 소멸되고 맙니다."

이윽고 미국 식품판매의 50%(지역에 따라서는 80~90%) 이상을 월마트, 크로거, 코스트코, 타깃 등 4개 회사가 점유하게 되었다. 흡수·합병이 거듭됨으로써 식품가공업계 역시 도태되어 펩시코, 크래프트푸드, 네슬레 등 상위 3개 사를 포함한 거대 다국적기업 20개가 독점하고 있는 실정이다.

다국적기업은 원재료와 노동력도 세계에서 가장 싼 값에 대량으로 조달할 수 있는 지역에서 수입한다. 인건비가 싸고 환경규제도 느슨한 제3국을 라이벌로 삼게 된 미국 내 생산

미국 전체 식품매매의 50% 이상을
점유하는 상위 4개 소매업자
(자료 : 미국 통계청)

자는 글로벌시장의 냉엄한 가격경쟁 속에서 한층 더 빠른 속도로 소멸되었다.

이런 문제에 대해 일찍이 경고를 한 사람이 카터 정권하의 밥 버그랜드 농무장관이다.

1981년 버그랜드 농무장관은 대규모 농업 추진이 초래할 위험과 시급한 정책 전환을 촉구하는 〈선택의 시간〉이라는 제목의 보고서를 작성했다.

"이대로 농업의 규모를 확대하는 것이 계속 추진된다면 수년 내에 극히 소수의 거대 농장과 거대 애그리비즈니스 기업만이 식료품 생산 전체를 지배하게 될 것이다."(자료 : USDA Report, Time to Act, 1981)

하지만 그의 경고를 당시의 정부는 귓등으로도 듣지 않았다.

이 보고서는 그로부터 7년 후에 재조명되었고, 이번에는 미국 소규모농장위원회가 당시의 던 그리크맨 농무장관에게 이 보고서를 제출했다.

"농가에게 '대규모화냐, 이농이냐?' 선택을 강요하는 정책은 잘못된 것이다. 거기에는 경제성장의 숨은 비용이 누락되어 있기 때문이다. 가령 과점화한 시장의 집중생산으로 인한 경쟁상실, 좁은 부지 안에 몇천 마리나 되는 가축을 빼곡하게 몰아넣고 사육할 때의 환경오염, 거대 농장 몇 곳이 자연재해나 질병의 급습을 받았을 때 잃어버릴 식품의 안전보장, 전국 규모의 유통이 확대시키는 화석연료 증가 비용 등 눈에 보이지 않는 비용이 고려되어 있지 않다. 농장의 규모가 커지고 부재농가의 수가 증가할수록 지역사회는 뼈만 앙상하게 남게 된다. 대규모 농장이 초래할 효율과 경제성장만을 강조하는 농업정책에는 커다란 문제가 있다고 말하지 않을 수 없다."(자료 : USDA Report, Time to Act, 1989)

그런데 이 보고서도 1981년과 마찬가지로 정부에 의해 행방이 묘연해지고 말았다.

레이건 정권 이후 일관되게 '자유시장'을 표방해온 미국. 말도 안되는 얘기지만, 규제를 한없이 완화한 이후에 봉착한 것은 소수 대기업에 의한 시장독점이었다.

하지만 국민들은 대부분 이 변화를 알아차리지 못했다. 어디를 가든 슈퍼에 색색의 채소와 과일, 깔끔하게 포장된 고기와 가공식품이 넘쳐나는 편리한 생활이 바야흐로 닥쳐올 위기에 대한 사람들의 감각을 마비시키고 말았다. 동물들이 처한 환경과 격감하고 있는 소규모 농가, 다양성을 잃어가는 지역공동체, 독점시장에 의해 어느새 소비자의 선택권을 빼앗겨버렸다는 현실에 대한 감각을.

식품업계와
월스트리트는 최강 콤비

수직통합에 의한 식품과 애그리비즈니스의 거대화를 누구보다 환영한 것은 월스트리트다.

대규모 은행이나 투자은행, 자본가, 헤지펀드 등은 식품업계에서 벌어지는 흡수·합병에 적극적으로 관여하고, 자금융자에서 입찰을 위한 유가증권 발행, 신규 주식공개 절차나 전략적 어드바이스에 이르기까지 모든 금융서비스를 제공하고 후원했다. 수십억 달러 규모의 시장인 애그리비즈니스와 식품가공업계는 은행에게 최상위의 거물급 우량고객이다. 해외에서 원재료 구입이 확대되는 가운데 해외시장의 현금관리만으로도 매월 막대한 수수료가 들어온다.

식품과 애그리비즈니스의 통합이 진행되면 될수록 월스트리트에는 수수료가 봇물처럼 흘러들었다. 리먼쇼크로 미국경제 전체가 심각한 불황과 높은 실업률로 신음하고 있을 때조차도 월스트리트에서 활기가 사그라지는 일은 없었다. 미국의 SNAP 수급자가 4,600만 명이라는 사상 최대의 기록을 돌파한 한편, 식품업계에서는 2009년부터 2011년까지 2년간 약 1,000건의 흡수·합병 계약이 체결되었다. 그리고 그 기세는 지금도 여전히 꺾이지 않고 가속에 가속을 더하고 있다.

"최근 수십년 동안 양극화가 가장 크게 진행된 건 리먼쇼크로 경기가 단번에 악화되던 시기였습니다. 경제파탄을 일으킨 장본인인 월스트리트의 사람들은 자기들이 일으킨 참사에 대한 반성은 고사하고, 갈수록 규모가 커지는 식품업계의 매수나 합병으로 얻는 브로커 수수료 계산에 정신이 팔려 있었습니다."

맨해튼에 거주하는 증권애널리스트 마크 브라운은 말한다.

"지금도 잊을 수 없는 건 크래프트 사가 영국계 기업 캐드발리를 매수한 사건입니다. 당시 떠들썩했죠. 190억 달러라는 어마어마한 액수로 거래된 이 매수극에 대형 금융기관과 투자은행이 대거 관여했습니다. 그때 앞장서서 충고자 겸 자금원 역할을 한 곳이 정부로부터 막대한 공금을 받아 그때 막 구제된 씨티그룹과 모건스탠리였다니까요."

월스트리트와 콤비를 이뤄 흡수·합병을 거듭하면서 기업규모가 확대될수록 식품과 애그리비즈니스 기업의 임원회나 주주들 명단에는 금융업계 간부의 이름이 하나둘 늘어났다. 식품가공 기업 중 상위 20개 사의 주식을 직접 혹은 간접적으로 보유하는 주주는 현재 436명이다. 그들은 특정 업계 혹은 상호편의를 도모하는 형태로 갖가지 결정을 내리고, 국경을 초월한 네트워크를 차근차근 형성해가고 있다.

"비즈니스의 규모가 커질수록 월스트리트에는 최상의 돈줄이

됩니다. 규제완화와 과점화로 거대해진 '식품'과 '농업'이 우량 투자상품이 될 조건을 다 갖추게 되자, 금융업계는 강력한 로비활동을 펼쳐 정부를 상대로 법 개정이라는 압력을 가했습니다."

2000년에 클린턴 대통령은 상품시장의 규제를 완화하는 '상품선물근대화법'에 서명했고, 그로 인해 식료품가격은 월스트리트의 바람대로 주식과 다를 바 없는 머니게임의 대상이 되었다.

이 법 개정으로 선물거래의 성질은 크게 달라졌다. 그때까지 농가와 제조업자 간의 선물계약은 수확된 농산물을 무게당 합의한 가격으로 매매하고, 제조업자는 농산물을 그 가격 그대로 관련 회사에 매각하는 구도였다. 그렇게 함으로써 생산자도 제조업자도 극단적인 가격변동으로부터 보호를 받는다. 그런데 상품선물근대화법으로 인해 이 구도 안에 월스트리트라는 제3의 인물이 끼어듦으로써, 제조업자는 농가와 맺은 선물계약을 합의가격에 금액을 더 보태 상품으로 만들어서 투자은행에 팔아넘기게 되었다.

투자은행은 제조업자로부터 사들인 상품을 그보다 더 비싼 가격으로 또 다른 투자회사에 팔고, 그 상품은 또 한층 더 비싸진 가격에 다시 다른 회사로 매각되는 연쇄현상이 반복된다. 연쇄가 반복되면 될수록 복잡해진 '금융파생상품', '헤지', '스와프', '인덱스펀드' 같은 금융상품이 상당히 높은 수익을 올리면서 월스트리트를 떠돌더니 순식간에 식료품은 투기버블의 일부가 되었다.

마크 브라운은 당시의 일을 이렇게 회상한다.

"실제로 물건을 사고파는 게 아니라 그것을 팔 권리를 매매하는 선물거래는 현물과는 무관한 곳에서 가격이 정해진다는 특징을 가지고 있습니다. 2008년 리먼쇼크의 계기가 된 서브프라임모기지의 증권화도 그랬습니다. 다만 식료품은 인간의 생사와 밀접한 관련이 있는 만큼, 부동산보다 훨씬 더 실질적으로 큰 피해를 입힙니다."

FAO의 보고에 따르면 2002년에 7,700억 달러였던 식료품 투기금액이 2007년까지 고작 5년 만에 10배에 달하는 7조 달러로 뛰어올랐다.

인도의 자와할랄네루대학 경제연구계획센터의 경제학자 자야티 고시 소장은 미국의 서브프라임모기지 문제와 식료품위기의 관련성을 지적했다.

"미국에서 주택버블이 붕괴했을 때, 은행이나 기관투자가가 그 손실을 보충하기 위해 차기 투자상품으로 선택한 것이 식료품이었습니다. 거액의 투자기금이 식료품시장으로 흘러들어서 2008년 전반까지 식료품가격이 급등에 급등을 거듭했습니다. 그 해 말 국제연합(UN)은 세계 33개 국이 지독한 식료품위기 상태에 있다고 발표했습니다."

그 후 2010년, 식료품버블은 다시 시작되었다. 버블을 거듭 일으키는 투기활동을 규제할 법률은 지금 현재 존재하지 않는다.

2010년에 식료품가격이 급등한 원인에 대해서는 찬반양론이 있다. 원인은 월스트리트가 아니라 전년도 러시아에서 발생한 가뭄, 중국과 인도 등 신흥국에서 발생한 수요 급증이라는 반론도 제기되었다. 하지만 고시 소장은 이에 대해 이렇게 말한다.

"FAO의 자료를 보면 그것이 사실이 아님을 알 수 있습니다. 통계에 따르면 중국과 인도 양국의 식료품소비량은 가격 급등으로 인해 오히려 감소했기 때문입니다. 세계의 밀 저장량이 안정되어 있었음에도 그 해 6월부터 반 년 동안 밀 값이 70%나 급등한 이유로 식료품투기 외에는 달리 생각해볼 것이 없습니다."(자료 : Jayati Ghosh, The Unnatural Coupling: Food and Global Finance, Journal of Agrarian Change, Vol.10, January 2010)

업계 관계자로 꽉 찬 FDA

2008년 대통령 선거 캠페인에서 버락 오바마 후보는 과거 수십 년의 일그러진 농업정책을 변화시켜줄 리더로서 많은 유권자들의 기대를 한껏 부풀려놓았다.

"USDA는 산업이 아니라 농가를 위한 기관이다."

"국민은 자신이 무엇을 먹고 있는지 알 권리가 있다. 내가 대통령이 되면 GM 식품의 라벨표시를 의무화하겠다."

"일부 업계의 이익을 위해서는 일하지 않을 것이다. 나는 전 국민을 위해 일할 것이다."

과연 오바마 정권하에서 미국의 농업과 식품정책은 달라졌는가?

"오바마 대통령은 국민의 기대를 크게 배신했습니다."

워싱턴에 본부를 둔 CFS의 더글러스 셔먼 박사의 말이다.

"거대한 애그리비즈니스 기업이 농업보조금을 독점하는 것, GM 농산물에 대한 라벨표시의무화 등 식품업계의 부패를 일소하겠다는 공약을 오바마 씨는 선거 캠페인 내내 이야기했습니다."

아이오와 주의 톰 하킨 상원의원에 따르면, 1995년부터 2003년까지 USDA에서 지불된 농작물조성금은 약 1,000억 달러인데 그 중 70%가 상위 10%의 거대 애그리비즈니스로 흘러들어갔다고 한다. 이러한 조성금으로 자국의 농업을 보호하는 나라가 적지 않은데, 미국에서는 과거 수십년에 걸쳐 그 수급자가 소규모 농가에서 애그리비즈니스로 뒤바뀐 것이다.

셔먼 박사는 이러한 공적자금 낭비를 철폐하겠다던 오바마의 공약이 취임 후 180도로 달라졌다고 비판한다.

"오바마 대통령은 선거 당시의 공약과 정반대의 길을 가고 있습니다. 식품안전과 연관된 요직에 업계 관계자를 줄줄이 앉혀두었죠. FDA 상급 고문에는 GM 종자의 최대 기업인 몬산토의 부사장 마이클 테일러, 농무장관에는 전직 아이오와 주 지사로 지자체에 의한 'GM 농산물 규제 금지법'(Senate Bill 633) 발안자인 톰 빌색. 이것은 그야말로 규제를 받아야 하는 업계의 인간을 규제하는 쪽에 심어두는 꼴입니다. 오바마 대통령의 취임으로 드디어 식품업계와 정부 사이의 회전문인사(이해관계자가 정부와 업계를 오가며 임명되는 현상−옮긴이)에 메스가 가해지겠구나 하고 기대했는데, 되어가는 꼴이 수직통합과 규제완화의 연속이니, 업계는 한층 더 거대해질 게 분명합니다. 결국 오바마 씨도 역대 대통령들과 다르지 않은 거죠."

그런데 마이클 테일러에게 그 회전문이 돈 것은 이번이 처음이 아니다.

1992년 FDA가 "GM 농산물을 실질적으로 통상의 식품과 동등

하게 취급한다"고 발표했을 때, 몬산토의 고문변호사를 거쳐 FDA
의 GM 농산물 정책담당부 장관 자리를 꿰차고 있었던 이가 테일
러였다. 테일러는 FDA의 식품 가이드라인에서 GM 표시의무를 삭
제하고, 기업의 GM 농산물 안전평가 자료의 일반공개를 면제해주
었다.

GM 농산물 시판제품 제1호인 몬산토 제조의 'GM 소 성장호르
몬'(rBGH)을 승인하고, 이 호르몬제를 투여한 소의 우유에 라벨표
시를 할 필요가 없다고 한 사람도 테일러였다.

소에게 주사하면 우유 생산량이 30% 증가하는 이 성장호르몬
은 캐나다, EU(유럽연합), 호주, 뉴질랜드, 일본, 국제식품규격위원

"마이클 테일러는 사직을!"이라고 FDA를 비판하는 사람들.
2012년 식품안전 회담장 앞에서 (자료 : occupy-monsanto.com)

회 등 27개 국과 몇몇 국제기관에서 금지되고 있다. 몬산토가 안전성을 주장하는 반면, 통상 2년은 필요하다고 보는 장기적 영향에 관한 실험자료 부재, 몬산토가 실시한 90일간의 자체 실험결과 비공개, 투여한 소에서 유방감염증 증가, rBGH 우유에 함유되어 있으며 인간의 유방암·결장암·전립선암과 연관이 있는 높은 레벨의 인슐린 양성인자(IGF-1), 우유에 농즙이 섞였을 때 항생물질 과다사용 등, 안전상 우려되는 요소들로 인한 금수(禁輸) 조치다.

그런데 FDA는 지금도 "건강에 문제없다"며 rBGH를 계속적으로 승인하고 있고, 그 결과 미국에서 사육되는 소들 중 30%가 일주일에 두 번씩 rBGH 주사를 맞는다. 선진국에서 유일하게 rBGH 우유를 마시고 있는 건 GM 표시의무가 없는 미국 국민뿐이다.

테일러는 1994년 USDA 산하의 FSIS(식품안전검사국) 행정관에 취임했고, 그 후 정부를 떠나 곧장 몬산토 부사장으로 금의환향했다.

셔먼 박사의 말대로 아무리 대통령 선거 기간 중에 훌륭한 공약을 호언장담했다 하더라도, 취임 후 예산과 인사 등의 조치를 보면 그 진실성을 한눈에 알아볼 수 있다.

오바마 대통령은 이번에 새롭게 의회의 승인이 필요하지 않은 USDA 직속기관인 식료품농업국립연구소를 정부 내에 설립하고, 그 소장으로 몬산토가 출자하는 댄포스식물과학센터의 전 센터장 로저 비치를 지명했다. 비치는 대통령 선거 때 오바마 진영의 선거자금에 크게 공헌한 사람 중 한 명이다.

TPP 교섭에서 요직인 USTR 농업교섭 주임으로는 이전 클린턴 정권하의 USDA에서 바이오테크놀로지를 추진한 이슬람 시디키가 임명되었다. 시디키는 세계 농약시장의 4분의 3을 점유하는 몬산토 외 5개 사를 대표하는 로비단체 '크롭라이프 아메리카'의 부사장이기도 하다.

USDA 통합담당 변호사에는 라모나 로메로. 몬산토와 더불어 세계 제일의 농약·종자기업인 듀폰의 전직 고문변호사다.

최고재판소의 재판관으로는 GM 밀·알팔파와 유기농가가 싸운 소송에서 몬산토 측의 변호인을 맡은 적이 있는 엘레나 카간이 선출되었다.

몬산토와 여러 가지 공동사업을 진행하는 바이오테크놀로지 연구단체 '빌&멜린다 게이츠 재단'에서 농업개발관리자로 일한 라지브 샤아는 오바마 대통령에 의해 USDA 교육연구소 차관으로 지명되었다.

바이오업계와 정부 사이의 회전문인사가 현저해진 것은 식품을 '산업'으로 추진한 레이건 정권 때부터라고 셔먼 박사는 지적한다.

"레이건 정권의 EPA 장관과 FDA 장관은 모두 몬산토의 임원이었고, 부시 정권의 안 베네만 농무장관은 원래 바이오기업의 임원이었습니다. 클린턴 정권의 USTR 대표는 원래 몬산토 임원이었고, 내정 어드바이저와 FDA 국장대리는 그 후 몬산토의 임원과 자회사 임원으로 각각 취임했습니다. 이렇게 열거하다 보면 끝이 없습니다만, 미국의 식품에 관한 규제완화가 믿을 수 없는 속도로 진행된 배경에는 이러한 정부와 기업의 유착이 있었던 겁니다."

캘리포니아에서는 USDA의 인증이
사람들의 신뢰를 받고 있다.

"국민은 이러한 변화를 눈치채고 있었을까요?"

"리먼쇼크로 많은 사람들이 피해를 입었을 때, 마이클 무어 감독의 다큐멘터리영화 《식코》로 이 회전문인사가 한때 화재가 되었습니다. 하지만 지금까지도 대다수 국민은 이러한 사실을 모릅니다. 그들에게 FDA나 EPA, USDA의 신화는 지금도 여전히 건재합니다."

"그 신화는 어떤 이미지인가요?"

"자기들이 먹는 식품의 안전, 환경과 농업을 성실하게 지켜주는 정부의 전문기관이라는 거죠. FDA는 미국 국민에게 가장 신뢰를 받는 기관 중 하나로, 세계 여러 나라에서도 신용을 얻고 있습니다. 최근 크게 유행하는 유기농식품도 USDA의 인증라벨이 하나의 안심장치가 되어 있으니까요."

한때 링컨 대통령은 국민 생명의 근원인 식품을 지키는 '인민의 부서'로 USDA를 설립했다. 그 이미지는 지금도 사라지지 않았다.

"이렇게 된 원인이 어디에 있다고 생각하세요?"

"독점금지법을 뒤로한 규제완화와 과점화로 기업규모가 너무 커졌다는 것, 그리고 1999년 글래스스티걸법(Glass-Steagal Act) 철폐가 상상을 초월한 돈벌이를 가능하게 하고 말았어요. 승리자가 된 월스트리트와 기업이 콤비를 이뤄서 어마어마한 자금력으로 매스컴과 정부를 매수하게 되어버린 겁니다."

"국민들 대다수가 모르는 사이에 말인가요?"

"대부분 무슨 일이 벌어지고 있는지 전혀 모르고 있었을 겁니다. 사람들은 법률 자체에 전혀 관심을 갖고 있지 않은데다, 기업은 그 자금력으로 정부뿐만 아니라 반드시 매스컴도 동시에 장악하기 때문입니다. 그렇게 하면 국민이 전혀 알아채지 못하는 가운데 기업 입맛에 맞는 법 개정을 이뤄낼 수 있죠. 하루 평균 시청시간이 8시간 이상이나 되는 '텔레비전 사회' 미국에서는 국민의 사고를 프로그램 제작자가 형성한다고 해도 과언이 아닐 겁니다."

식품의 공업화로 풍요로워진
항생물질시장

2013년 2월, FDA의 NARMS(전미약제내성감시시스템)가 발표한 미국의 식육에 관한 연차보고서는 대다수 미국 국민의 등골을 오싹하게 만드는 내용이었다.

검사대상이 된 저민 칠면조고기의 81%, 저민 쇠고기의 55%, 돼지 갈비로스의 69%, 닭고기의 39%에서 항생물질에 내성을 가진 세균이 검출된 것이다. 추가로 닭고기는 53%에서 대장균, 매년 미국에서 수백만명의 식중독 환자를 낳는 살모넬라균과 칸피로박타균이 발견되었다.

CDC(미국 질병통제예방센터)에 따르면, 1980년대에는 전체 식중독 환자의 1%에도 미치지 않던 항생물질 내성균 감염자 수가 최근 급증하고 있으며, 더불어 살모넬라균 치료에 사용되는 항생물질도 해가 거듭될수록 잘 듣지 않게 되었다고 한다.

이 연차보고서가 나온 것은 WHO가 급증하는 항생물질 내성균과 항생제 과용으로 인해 항생물질이 안 듣게 되는 '포스트 항생물질 시대의 도래'에 대해 경종을 울린 이듬해다.

이 변화에 대해 USDA 내의 바이오업계 연구기관 직원인 캐롤라인 창 박사는 이렇게 말한다.

"NARMS 연차보고서 내용
은 매년 악화되고 있습니다.
독점금지법 철폐로 인해 과점
화되고 거대해진 공업식 농업
은 과잉밀도에 동물을 가둬
두는 가축공장으로, 성장촉
진과 감염방지를 위해 항생
물질을 다량으로 주사하거나

캐롤라인 창 박사와 필자

먹이나 물에 섞어서 먹이고 있습니다. 페니실린, 테트라사이클린,
에리스로마이신 등 인간의 의약품들이 질병치료 이외의 목적으로
사용되게 된 겁니다. 그 결과 애그리비즈니스와 제약업계의 합병
이 시작되었습니다."

이미 1990년 말까지 전체 미국 제약기업이 판매하는 항생물질
중 70%가 인간이 아닌 가축에게 투여되고 있었다. 가축들이 공장
이 아닌 농장에서 키워지던 1950년대에는 가축에게 사용되던 항
생물질의 양이 연간 230톤이던 것에 비해, 2005년에는 그 80배에
해당하는 1만 8,000톤에 달했다.

EU에서는 1998년 이후 성장촉진을 목적으로 가축에게 항생물
질을 투여하는 것을 금지했다. 하지만 미국에서는 여전히 그 양이
증가하고 있다.

미국의 대규모 공장식 농장의 확대와 항생물질의 수요는 비례

한다고 창 박사는 말한다.

"항생물질이나 성장호르몬 같은 약제가 대규모 가축공장의 확대와 더불어 없어서는 안될 필수품이 되었어요. 가령 임신 중인 소는 하루에 7리터의 우유를 만들어내는데, 특수한 약제를 섞은 먹이나 성장호르몬을 투여하면 그 양을 30리터까지 늘릴 수 있습니다. 그만큼 소의 수명은 단축되겠지만, 경영자 입장에서는 '마법의 항생물질'이 아주 귀한 대접을 받는 거죠. 생산효율을 우선시하는 가축공장의 경영자나 주주들에게는 장점이 훨씬 더 크기 때문에 가축용 약제의 수요가 매년 증가하고 있습니다."

"식품의 공장화와 항생물질의 대량 사용이 인간에게는 어떤 영향을 미쳤나요?"

"신종질병이 증가했지요. 조류인플루엔자, 대장균, 피스테리아,

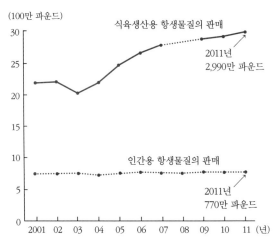

가축용과 인간용 항생물질의 판매량 추이 (자료 : pewhealth.org. 2013.3.28)

살모넬라, 광우병, 칸피로박타 등의 병균이 맹위를 떨치기 시작했습니다. 이것들은 모두 과거 수십년 동안 식품의 공업화로 인해 형성된 효율우선주의의 산물입니다. 예컨대 광우병은 초식동물인 소에게 죽은 동물을 먹이로 준 결과 생겨난 병입니다. 70%가

식품안전을 주장하는
루이즈 슬로터 하원의원

GM인 미국의 곡물 중에서 70%가 소의 사료로 사용되는데, 원래 초식동물인 소의 몸은 옥수수나 죽은 동물의 고기를 먹도록 만들어지지 않았습니다. 가축이 농장에서 자라는 생물이던 시절에 고려되던 자연계의 균형은, 가축을 상품으로 취급하는 식품공장에서는 더이상 찾아볼 수 없게 되었습니다."

세균학 전문가이고 규제위원회 위원장인 루이즈 슬로터 하원의원은 최근 수십년간 미국에서 일어난 식품의 공업화, 가축공장, 곡물의 단일재배, 폭발적으로 확대되고 있는 가공식품업계 등이 인간의 건강에 미친 부정적인 영향을 이렇게 지적한다.

"1950년대와 비교하면 지금의 식재료에서는 비타민과 미네랄 등의 영양분이 약 40% 감소했어요. 세계 각지에서 생산된 채소와 옛날보다 훨씬 저렴해진 값으로 쉽게 고기를 먹을 수 있게 되긴 했지만, 음식이란 가공하면 할수록 속이 텅 비게 되잖아요. 그 증거로 미국인의 건강상태가 그간에 계속해서 악화되고 있습니다. 만

성적인 비만이나 당뇨병, 알레르기 등이 심각한 사회문제가 되고 있어요."

"식재료를 싸게 구할 수 있게 되었다는 장점에 대해서는 어떻게 생각하세요?"

이 정책을 추진해온 정부나 기업이 소리 높여 주장하는 이점에 대해 묻자 슬로터 의원은 고개를 가로저으며 말했다.

"미국인은 '싼 음식'이라는 환상을 보고 있는 겁니다. 식품은 가공하면 할수록 계산대에서 지불하는 돈의 액수는 적어지지만, 그만큼 영양분은 감소하고 첨가물이 증가한 식품이 되기 때문에 건강을 잃기도 하고 대량생산 공장으로 인해 환경이 파괴되는 등, 결국에는 그 대가를 소비자가 치르게 됩니다. 저가격 신화에 눈이 먼 소비자들은 진실을 보지 못하고 있어요. 그것을 메우기 위한 공공요금이나 의료비 청구서는 결국 우리가 지불해야 하는 몫이라는 진실을요."

'유기농식품'이라는
꿈을 파는 기업

"미국에서는 애그리비즈니스가 확대되고 있는 한편, 또 다른 시장도 급속하게 성장하고 있습니다. 바로 유기농식품입니다."

북미와 영국을 통틀어 331개 점포를 가진 미국 제일의 대규모 자연식품 슈퍼인 홀푸드마켓의 워싱턴 지점에서 일하는 게일리 보이어는 이렇게 말하며 미소를 지어 보였다.

홀푸드의 매장 안

"홀푸드가 제공하는 것은 단순한 상품이 아닙니다. 홀푸드는 '건강한 라이프스타일'이라는 꿈을 팔고 있습니다."

홀푸드의 매장 안에 들어서면, 신선한 녹색과 차(茶)를 기조로 한 매장 인테리어가 마치 숲 속으로 쇼핑을 나온 듯한 느낌이 들게 한다. 목제 선반에 아름답게 진열된 채소와 과일, 녹색 앞치마를 두른 게일리를 비롯한 모든 종업원은 날씬하고 젊고 애교가 넘친다.

'목초지에서 키운 소', '평면사육의 계란', '농약 제로', '성장호르몬 제로', 이런 팻말들 옆에 나란히 진열된 것은 각 생산자의 얼굴 사진이다. 게일리의 말처럼 분명 이 기업은 '꿈'을 팔고 있었다. 녹색 창연한 농장에서 한가로이 풀을 뜯는 행복한 동물들의 모습이 그려진 패키지는, 소비자로 하여금 자신의 건강뿐 아니라 동물과 환경을 위해서도 좋은 일을 하고 있다는 기분이 들게 하는 효과를 충분히 발휘한다.

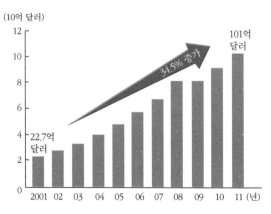

홀푸드마켓의 매출 추이 (자료 : dyna-search.com, 2012.7.10)

사실 홀푸드의 주요 상품은 완전한 유기농업이 아니라 '자연파'의 일반 식품인데, 보통 슈퍼와는 분위기가 전혀 다르기 때문에 고객은 이곳의 식품이 비교적 비싼 가격임에도 불구하고 기꺼이 지갑을 연다. 회사 전체가 제공하는 '환경과 생명을 생각하는 지속가능한 라이프스타일'이라는 이미지는 이처럼 상당히 강한 힘을 갖는다.

"홀푸드는 식품과 환경문제에 의식이 높은 지식층을 타깃으로 삼아, 도시를 중심으로 사업을 전개해서 크게 성공한 경우입니다. 우리가 하는 일은 이곳을 찾는 고객이 추구하는 부가가치를 제공하는 것입니다. 일반적인 슈퍼보다 비싸지만 그들은 기꺼이 돈을 냅니다. 여기에 오면 농약이나 비인도적인 가축공장, 인간에게는 아직 미지의 세계인 GM 농산물이 넘쳐나는 지금 세상에서 아름다운 1950년대의 미국으로 타임슬립할 수 있으니까요."

홀푸드를 필두로 지금 미국에서는 유기농산업이 폭발적으로 증가하고 있다.

유기농에 사람들의 관심이 쏠리게 된 결정적인 계기가 된 것은 1989년의 '알라 소동'이다.

EPA가 과일의 성장억제 농약인 알라(Alar)의 발암성에 대해 발표하자, 골든타임의 뉴스 프로그램이 이를 떠들썩하게 보도했다. 머잖아 미국 전역이 혼란에 빠졌고, 그 반동으로 무농약·유기농 식품의 수요가 급격히 증가하기 시작했다.

1990년 유기농업을 정식으로 인정하는 유기농식품생산법(Organic Foods Production Act)이 제정되고, 여론의 뜨거운 관심에 미국 의회는 그때까지 제각각이던 유기농식품에 대해 통일된 정의를 만들도록 USDA에 요구했다. 1980년대부터 대규모 애그리비즈니스를 추진하던 USDA는 의회와 여론의 압력으로 마지못해 작업에 착수하기는 했지만, 기본방침이 완성된 것은 그로부터 7년 후인 1997년이었다. 그런데 클린턴 정권하에서 발표된 그 가이드라인은 막상 뚜껑을 열고 보니 식품산업이나 몬산토, 가공식품업계나 바이오기업들의 로비활동에 의해 골자가 이미 오간 데 없어진 상태였다.

미주리 주 테벤츠에서 가족농장을 경영하는 줄리아 라이스는 지금도 그때의 일을 떠올리면 화가 치민다고 말한다.

"USDA가 내놓은 유기농 인증기준은 정말 한심한 것이었습니다. 항생물질이나 살충제 금지와 더불어, 어느 모로 보나 업계가 관여한 것이 명백해 보이는 GM 농산물, 하수를 오염시키는 비료 사용, 식품에 대한 방사선 조사(照射) 허가라는 3대 요소가 포함되어 있

"지역 내 자급자족이 마지막 희망"이라고 말하는 줄리아 라이스

었어요. 그것은 유기농 농가와 활동가, 그리고 소비자들을 격노하게 했습니다."

순식간에 역대 최대 규모인 27만 5,000명의 항의서명이 USDA 앞으로 제출되었고, 여론의 격분에 놀란 던 그리크맨 농무장관은 황급히 기준을 동결한 다음, 국민의 분노를

불러일으킨 3대 요소를 배제한 새로운 가이드라인을 2000년 12월에 새로 발표했다.

① '미국 사용인가 합성물질, 사용금지 자연물질 목록'에 따른 원재료·가공원료의 사용
② 유기농장 인정은 마지막 금지물질 사용으로부터 3년이 지난 토지에 한함
③ 유기생산에 있어 GM 농산물, 방사선 조사, 하수를 오염시키는 비료 사용 금지

미국의 유기농 기준과 인증시스템의 탄생은 새로운 시장을 꽃피웠다. 1990년 시점에서 15억 달러였던 유기농시장은 2011년에는 315억 달러의 거대시장으로 성장했다.

기존의 공장식 농업이나 애그리비즈니스, 또는 가공식품업계에 대항하는 새로운 시장으로서 기대를 모은 유기농식품. 하지만 거기에는 이미 수직통합으로 거대해진 대기업과 그 이외의 생산자라는 양극화된 비즈니스모델이 형성되어 있었다.

파산하는 소규모 유기농가

"이미 공업식 농업으로 대성공을 거둔 바 있는 거대 생산자와 애그리비즈니스 기업들에게 이 인증시스템은 2중 3중의 의미에서 절호의 사업기회가 되었습니다."

하지만 자신과 같은 영세농가들에게는 버거운 부담일 뿐이었다고 줄리아 라이스는 말한다.

USDA의 유기농 인증을 얻기 위해서는 아주 상세한 내용 기록과 다량의 구비서류를 제출해야 한다. 단일재배가 중심인 애그리비즈니스에게는 특별히 어려운 노력이 필요하지 않지만, 계절의 변화에 따라 각양각색의 농작물을 돌아가며 재배하는 가족경영 농가나 소규모 유기농가에게는 그 절차 자체가 부담이 되는 경우가 적지 않다. 인증 자체나 수속절차에 드는 수고와 더불어 들어가는 비용도 결코 적은 액수가 아니기 때문이다.

"750달러까지는 나라의 인증비용 보조금 제도로 해결되지만, 그것만 가지고는 부족합니다. 유기농 인증을 받기 위해서는 가축이 태어나서부터 도축해 가공될 때까지 전 공정이 유기농법이 아니면 안됩니다. 예를 들어 제가 살고 있는 미주리 주에는 유기농 쇠고기를 가공할 처리장이 없어서 일리노이 주까지 가야 하는데, 소를 수송하는 연료비와 그곳에서 가공하는 비용이 한 마리당 500달러가 듭니다. 유기농법 사료와 건초가격은 통상의 2배인데, 그것도 옆 주까지 가서 사와야 합니다. 이렇게 비용이 너무 많이 들기 때문에 내다팔 때의 가격이 높아질 수밖에 없어요. 그런데 만일 곡물가격이 급등하거나 하면 우린 끝이에요. 유기농 인증라벨을 유지하기 위한 비용이 너무 높아 포기하고 마는 중소농가가 증가하는 것은 이 때문입니다. 정말 이상하죠? 예를 들면 우리 목장은 말 그대로 녹색이 창연한 목장입니다. 흔히 과장광고를 일삼는 유기농상품의 라벨에 그려진 그림과 비슷한 데를 찾으려야 찾을 수 없는 콘크리트 사육장들하고는 완전히 다르죠. 항생물질도 농약도 성장호르몬도 일절 사용하지 않는 환경에서 키운 최고로 안전한 쇠고기인데, 가격경쟁에서 영세농가는 역시 대기업에게 지고 말거든요."

달랑 인증라벨 한 장 얻기 위해 이렇게까지 경제적 부담을 지는 이유는 뭘까?

"USDA의 유기농 인증라벨이 시장에서 훌륭한 브랜드라고 세계적으로 인지되어 있기 때문입니다. 이것이 있고 없고에 따라서 소비자의 반응이 전혀 달라집니다. 라벨 없이 홀푸드 같은 대규모 슈퍼와 입점계약을 맺는다는 건 일단 불가능하죠. 월마트나 코스트코도 마찬가지입니다. 다수의 경쟁자들 속에서 계약을 따내기 위해서는 이 인증라벨이 최소한의 조건인 셈입니다."

통상의 식품이 그런 것처럼 유기농업계 역시 흡수와 합병에 의한 과점화 물결에 휩쓸려갔다. 1990년부터 2005년까지 15년간 펼쳐진 업계 내의 매수극 결과, 지금은 미국의 상위 20개 식품가공업체 중 14개 사가 앞서 언급한 홀푸드를 필두로 자사 브랜드의 유기농식품을 제공하고 있다.

국제적으로도 통용되는 USDA 유기농 인증라벨은 단번에 유기농업계의 글로벌화를 추진시켰다. 유기농 세계에서는 질을 떨어뜨리는 비용삭감에 한계가 있다. 그래서 각 생산자는 격렬해진 가격경쟁에서 살아남기 위해 더 저렴한 외국에서 원료를 수입해오기 시작했다. 그렇게 하면 유기농 표시는 그대로 유지하면서 생산비용을 절감할 수 있게 된다. 현재 미국 유기농상품의 절반이 멕시코나 이탈리아, 터키, 중국 등 여러 나라에서 들여온 생산물을 원료로 하고 있다.

"글로벌화는 미국의 유기농업계에 심각한 문제를 초래했습니다."

뉴욕 주 우드스톡에서 유기농 평면사육 양계장을 가족끼리 운영하는 레이첼 덩컨의 말이다.

"유기농업계가 글로벌화될 때 생기는 문제에는 어떤 것들이 있을까요?"

"글로벌화는 기업의 비용절감 전략을 위해 국경이라는 장애물을 제거했습니다. 그 결과 기업은 보다 낮은 비용으로 환경과 안전규제가 느슨한 나라를 생산프로세스에 집어넣을 수 있게 된 겁니다. 그렇지만 유기농의 기준은 나라마다 달라요. 예컨대 농약을 다량 사용함으로써 환경오염이 심각한 사회문제가 되고 있는 중국이 인증한 유기농 식재료를 미국의 그것과 동등하게 생각하는 것은 말도 안됩니다."

레이첼의 걱정은 이미 현실로 나타나고 있다.

1985년 식품산업의 대기업 경영진이 설립한 유기농무역협회는 유기농업계 로비스트로 정력적으로 활동하면서 유기농 인증기준을 서서히 완화시키려는 정치적 압력을 가하고 있다. 그 결과 2005년 USDA는 인증기준을 개정함으로써 비유기농 식품첨가물이나 합성착색료, 테트라사이클린이나 스트렙토마이신 같은 항생물질을 사용해도 유기농 인증심사에 걸리지 않고 표시의무도 면제받게 되었다.

그래도 레이첼처럼 공업식이 아닌 방법으로 닭을 키우는 양계장의 존재는, 소비자에게 선택의 여지를 제공해준다는 점에서 공헌하는 바가 있다고 할 수 있을 것이다.

그렇게 말하자 레이첼은 미소 지으며 고개를 끄덕였다.

"그렇지요. 우린 가족경영의 작은 양계장이기 때문에 언제까지 계속할 수 있을지 모르지만, 적어도 홀푸드의 '로지' 같은 닭과는 차원이 다른 진짜 평면사육의 닭입니다."

성냥갑 속 유기농 닭고기

홀푸드에서 팔고 있는 유기농 닭고기 중에서도 특히 인기가 높은 것은 '로키'와 '로지'라는 이름의 상품이다. 패키지의 라벨에는 유기농상품 특유의 귀여운 일러스트가 담겨 있다. 양계장 홈페이지에 가면 GM 사료도 항생물질도 사용하지 않고 평면사육으로 키운 닭이라는 설명과 함께 녹음이 짙은 목장 풍경, 키가 훌쩍 자란 풀들 사이를 걷고 있는 새하얀 닭들의 사진이 실려 있다.

그런데 실제로는 어떨까?

"홈페이지의 사진은 이미지일 뿐이에요."

레이첼은 딱 잘라 말한다.

로지 닭을 사육하는 캘리포니아 주의 페탈루마 양계장은 닭 한 마리 한 마리에게 공업식 양계장보다 25%나 더 넓은 공간을 제공하고 있다고 과시한다. 공업식 양계장에서 닭 한 마리에게 주어지는 공간은 가로 21.59센티미터 세로 27.94센티미터로, 날개를 제대로 펼 수도 없다. 그런데 유기농인 로지 닭이 사는 공간은 사방이 30센티미터이므로 한 바퀴를 빙 돌 수 있다는 것이다.

USDA의 유기농 기준에는 축사에서 외부로 연결된 통로가 있어야 한다는 조건도 있다. 레이첼은 이 역시 엉터리라고 비판한다.

"USDA의 기준은 어디까지나 통로의 유무만 말합니다. 거기에 풀이 자라고 있는지, 소나 닭이 매일 바깥을 걸어다니는지 아닌지는 문제삼지 않아요."

과연 로지가 자라는 평면사육 환경은 어떨까? 직접 가보니, 과연 길쭉하고 거대한 축사 한쪽 끝에 밖으로 나가는 작은 문이 달려 있었다. 그런데 닭들은 대부분 축사 안에서 다른 닭들과 함께 옴짝달싹 못하고 서로 엉켜 있느라 밖으로 나가는 문이 있는지조차 모르고 있는 것 같았다. 게다가 항생물질 투여가 금지되어 있기 때문에 생후 4주까지는 감염을 예방하기 위해 문을 닫아둔다. 4주가 지나면 오후부터 저녁시간에 걸쳐 몇 시간 동안 문을 열어두게 되어 있는데, 6주째가 되면 그들은 이미 도축될 운명이다.

2012년 10월 ALDF(동물보호기금)는 캘리포니아 주 페탈루마에

페탈루마 양계장의 '지속가능한 평면사육 닭' 포스터

있는 '주디의 유기농 가족 계란농장'을 허위광고 혐의로 고소했다. 평면사육의 유기농 닭이 낳은 계란을 판매하는 이 회사의 계란 패키지에는 많은 병아리들과 함께 풀밭을 거니는 닭의 그림이 인쇄되어 있고, "우리 회사 닭들은 넓은 공간을 자유롭게 걸어다니고 흙을 쪼고 뛰놀면서 자랍니다"라는 문구가 적혀 있다. 그런데 ALDF가 조사한 결과 주디농장의 닭들은 콘크리트 축사에 빼곡하게 갇혀 지내고 있었다.

"USDA의 유기농 기준은 허점투성이입니다. 그 때문에 식품업계는 법망에 걸리지 않고 생산효율을 최대한으로 올릴 수 있어요. 어쨌든 다섯 손가락 안에 드는 소수의 대기업이 지배하고 있는 이쪽 업계에서, 같은 회사가 공업식과 유기농을 딱 잘라서 분리해 운영한다는 게 얼마나 비효율적이겠어요? 그러니까 기업은 차라리 마케팅에 주력하는 겁니다. 아름다운 라벨 그림과, 상품을 집어든 고객이 행복한 동물들의 모습을 떠올릴 수 있게 하는 문구 등……. 홀푸드를 찾는 도시의 지식층이 추구하는 것은, 비싼 돈을 내더라도 만족감을 주는 우아한 부가가치라는 겁니다."

"유기농 붐이 미국에 안겨준 것은 뭐라고 생각하세요?"

레이첼은 잠시 생각에 잠기더니 조용히 이렇게 말했다.

"글쎄요……. 우린 지금 음식이란 것에 대해 다시 생각해봐야 할 시기에 직면해 있는 건지도 모르겠어요. 예를 들어 진정한 의미에서 유기농은 '지역 내 자급자족'으로, 생산자와 소비자가 서로를 볼 수 있어야 하는 것이 기본이잖아요? 몇백 킬로미터나 떨어져 있는 슈퍼까지 석유를 이용해 유통시키고, 저비용으로 대량생산을 하는 방식과는 기본적으로 다르죠. 알라농약 소동으로 간신히 눈을 뜨기 시작한 미국 소비자들의 인식은, 거액의 이익이 예상되는 새로운 사업기회로 대체되고 기업 마케팅의 일부로 흡수되고 만 것 같아요. '더 편리하고 더 저렴하게'라는 방향으로만 치닫다 보니, 우리 미국인들의 상상력이 어느새 사라져버린 게 아닌가 하는 생각이 들어요. 예쁘게 포장된 닭고기를 보았을 때 그것이 어디에서 왔으며 어떻게 자랐는지를 상상하는 것은, '지역 내 자급자족'이라는 원래의 방식을 지속할 수 있는 소규모 유기농가를 지킬 뿐만 아니라, 우리 자신이 다른 생명체들과 어떻게 연관되어 있는지 상기하기 위해서도 아주 중요한 일입니다."

이것은 SF가 아니라 현실이다, GM 연어

2012년 12월, FDA는 승인만 받으면 인류 역사상 최초의 GM 동물이 될 'GM 연어'의 환경영향 평가보고서를 발표했다.

"미국의 환경과 천연 연어의 양식에 GM 연어가 해를 끼칠 가능성은 낮다."

평가대상이 된 것은 매사추세츠 주에 있는 바이오기업 '아쿠아바운티 테크놀로지'가 개발해 1995년부터 인가를 요구한 GM 연어 '아쿠아 어드밴티지'다.

통상 애틀랜틱 연어는 수온이 낮은 겨울철에는 성장호르몬을 분비하지 않는다. 그래서 대형 연어의 성장호르몬 유전자와 수온이 낮은 심해에 사는 해수어의 조절유전자를 조합해 애틀랜틱 연어의 알에 주입했다. 이 알에서 태어난 GM 연어는 1년 내내 성장호르몬을 분비해서 통상보다 2배 빠른 속도로 성장한다. 맛은 보통 연어와 다르지 않고, 양식업자는 생산량을 증가시킬 수 있어서 연어의 소매가격을 최대 40%까지 인하할 수 있을 것으로 보인다. 크기는 3배이고 사육기간은 절반, 어업효율을 개선하고 환경에 미치는 부담을 경감시키는 GM 연어는 기업, 어업, 환경, 소비자 모두

에게 엄청난 이익을 주
는 1석4조의 신제품이
라는 것이 아쿠아바운
티의 설명이다.

하지만 옥수수 같은
농작물과 달리 연어는
물속을 자유자재로 헤

GM 연어(뒤)와 통상의 양식 연어(앞) 크기 비교
(자료 : responsibletechnology.org)

엄쳐 다닌다. 만일 GM 연어가 양식시설에서 도망쳐 자연계로 들
어가서 천연종과 교배하는 일이 발생할 경우 천연종의 멸종으로
이어지지 않겠는가 하는 우려의 목소리도 적지 않다.

1999년 인디애나 주 퍼듀대학에서 컴퓨터 시뮬레이션을 이용
한 'GM 물고기의 생식 능력이 미치는 영향 검증'이 실시되었다. 그
결과 GM 물고기를 방류함으로써 바다 속 생물 다양성에 큰 영향
을 미친다는 사실을 알아냈다고 한다. GM 물고기는 수명이 짧다.
6만 마리의 천연 물고기가 있는 곳에 고작 60마리의 생식가능한
GM 물고기를 넣으면, 20년 후에는 천연 물고기가 멸종하고 만다.

이에 대해 아쿠아바운티 측은 안전대책이 이미 세워져 있다고
말한다.

"생식 능력이 없는 암컷만 개발했기 때문에 아무 걱정 없습니다.
다만 아주 드물게 생식 능력을 가진 개체가 나올 가능성은 있습니
다."

하지만 많은 전문가들이 일단 인공적으로 다른 유전자의 공격

을 받은 동물 유전자는 불안정해질 위험이 있다고 지적한다. 변형된 유전자가 시간이 흐르면서 갑자기 변이되어 물고기가 다시 번식 능력을 갖게 될 가능성도 부정할 수 없다. 이런 돌연변이 유전자가 또 다른 천연 물고기로 확산되면 바다 속에서 물고기의 유전자구성 변이가 벌어질 가능성도 있다.

아쿠아바운티는 이에 대해서도 끈질기게 반론을 제기한다.

"GM 연어는 양식시설에서 키워지기 때문에 절대 자연계로 도망갈 일이 없습니다."

하지만 일단 인가를 받고 상품화된 GM 연어의 알이 출하되기 시작하면, 해마다 몇백만 마리씩 도망치고 있는 세계 곳곳의 해양양식장으로 보내진 GM 연어도, 다른 물고기들처럼 호시탐탐 탈출의 기회를 노리게 될 것이다.

유전자가 조작된 물고기의 성질에 어떤 영향이 있을 것인지도 미지수다. 2007년 8월, 영국의 과학잡지 《뉴사이언티스트》는 GM 연어에 관한 최신 연구결과를 발표했다. 그에 따르면 GM 연어는 개체의 생육 도중부터 성격이 사납게 바뀔 가능성이 상당히 높아, 바다 속 생태계에 어떤 영향을 미치게 될지 알 수 없다고 한다.

앞서 소개한 바 있는 CFS의 더글러스 셔먼 박사는 GM 연어가 승인되면 눈사태처럼 줄줄이 GM 물고기가 시장에 출현하게 될 거라고 경종을 울린다. 아쿠아바운티가 인가를 기다리고 있는 목록 중에는 GM 틸라피아와 GM 송어가 있다.

GM 동물도 이에 뒤지지 않는다. 2012년에는 FDA가 혈액응고

약의 재료로 GM 염소를 승인했고, 이에 뒤이어 캐나다에서 개발된 '환경에 좋은 분뇨'를 배설하는 GM 돼지가 현재 인증을 대기하고 있는 상태다.

소비자의 불안과 전문가의 경고가 확대되고 있음에도 불구하고, GM 동식물에 대한 미국 정부의 입지는 1980년대 이래 전혀 달라지지 않았다. FDA는 GM 연어가 인체에 미치는 영향에 대해 아쿠아바운티가 안전자료를 제시하지 않았음에도 불구하고 2010년에 '안전성 승인'을 내주었다.

GM 종자를 방임한
'몬산토보호법'

2013년 3월 28일, 오바마 대통령의 서명으로 성립된 한 법안이 미국 내 농업종사자와 연구자, 소비자 들의 분노에 불을 지폈다.

문제가 된 것은 포괄예산할당법안(HR993) 중 제735조, 별칭 '몬산토보호법'이다.

"GM 농산물로 인해 소비자의 건강과 환경에 피해가 생기더라도 인과관계가 증명되지 않는 한 사법이 종자의 판매와 재배를 정지시킬 수 없다."

이 내용은 성립 직후 인터넷을 통해 미국 전역으로 확산되었다. 미국 전역에서 모여든 소비자단체와 농업관계자, 환경운동가 약 300명이 백악관을 둘러싸고 항의운동을 전개했으며, 백악관의 전화 회선은 빗발치는 국민들의 항의전화로 불통이 되었다. 오바마 대통령 집무실에는 그 조항을 즉시 철회하라는 25만 명 이상의 서명이 전달되었다.

하지만 이들의 목소리는 정부에 미치지 못했다. 오바마 대통령은 이 조항을 철회하는 것을 거부했고, 그것은 몬산토를 비롯한 바이오테크놀로지 기업들이 오매불망 꿈꾸던 것을 마침내 얻게 되었음을 의미했다. GM산업에 끝없는 부를 약속한, 한 나라의 사법을 능가하는 거대한 권력 말이다.

분노로 폭발한 국민들의 모습을 보고 상하 양원의 의원들 사이에 동요가 일었다. 놀랍게도 그들은 대부분 예산안에 GM에 관한 조항이 들어 있었다는 사실조차 몰랐다고 한다. 최근 날치기로 가결되는 법안이 다 그렇듯, 포괄예산할당법안 역시 분량이 많고 의도적으로 난해한 법률용어로 쓰여 있었다.

어느 민주당 의원은 이렇게 말했다.

"국회에서는 이런 경향이 점점 심해지고 있어요. 2001년의 애국자법은 342쪽, '오바마 케어'(의료보험적정가격법)는 906쪽, 국방수권법 등은 1,000쪽이 넘습니다. 이래 가지고는 설사 평소보다 3배가 넘는 인원을 동원해 연일 철야로 검토를 한다고 해도 의원들이 국회심의에 들어가기 전에 내용을 제대로 검증하기란 거의 불가능한 일이죠. 그런데 정말 곤란하게도, 그렇게 길고 복잡하게 적힌 법안일수록 왜 그런지 항상 문제가 있는 내용이란 말입니다."

하지만 573쪽 분량의 몬산토보호법만큼은 어찌됐든 결과는 같았을 것이다. 이 조항은 의회에서 논의조차 되지 않은 채 수면 아래에서 몰래 작성되었기 때문이다.

나중에 가서야 이 조항이 몬태나 선거구의 로이 브란트 공화당 상원의원과 몬산토가 공동으로 작성했으며, 농업위원회나 상원 세출위원회의 검토도 없이 예산안에 추가되었음이 밝혀졌다.

브란트 의원은 2010년 선거에서 몬산토를 비롯한 애그리비즈니스업계로부터 24만 3,000달러의 후원금을 받았다.

민주당의 바바라 마코스키 상원 세출위원장은 법안 성립 이튿날 홈페이지에 공식 사과문을 게재했다.

"마코스키 상원의원은 몬산토보호법을 통과시킨 것을 유감스럽게 생각합니다. 상원의원 자신은 이러한 식품 관련 규제완화에 지금까지 줄곧 반대하는 입장이었습니다. 이 조항은 작년 연말에 서거한 이노우에 전 상원 세출위원장이 허가한 것으로, '재정절벽'(fiscal cliff) 내용과 함께 심의되었습니다. 미국경제가 파산할 것인지 말 것인지 갈림길에서 우리는 최악의 사태를 피하기 위해 몇 가지 타협을 어쩔 수 없이 하게 되었고……"

하지만 마코스키 의원의 변명은 오히려 국민들의 반발을 확대시켰다.

농업종사자인 라셀 리드는 이 법안의 성립에 대해 분노 섞인 목소리로 이렇게 말한다.

"정치가는 쉽게 미안하다 한마디 하고 말면 그만인 줄 아는데, 사과로 끝날 일이면 의원 따위는 필요 없어요. 법률은 일단 통과되고 나면 돌이킬 수 없습니다. 몬산토보호법은 시한입법이지만 연장될 가능성이 높고, 그사이 미국 내의 농가나 소비자들이 받을 타격은 헤아릴 수가 없어요. 미국에서 GM 농산물을 수입하고 있는 세계 여러 나라도 마찬가지입니다."

"오바마 대통령이 이대로 계속 철회를 거부할 경우 어떻게 하실 생각이십니까?"

"25만 명의 서명을 무시할 정도인데 철회하겠습니까? 브란트 의원과 다를 거 없어요. 오바마 대통령도 선거자금을 어지간히 많이 받아먹은 게 분명해요. 그렇다면 적어도 2007년에 한 약속만이라도 지켜달라고 요구할 겁니다."

"2007년의 약속이란 뭔가요?"

"대통령 선거 공약 말입니다. 오바마 대통령은 그때 선거 캠페인 내내 미국 각지에서 이렇게 말했어요. '내가 대통령이 되면 모든 GM 식품의 라벨표시를 의무화하겠습니다. 왜냐하면 미국 국민은 자기들이 구입한 식품이 어떤 것인지 알 권리가 있기 때문입니다.'"

미국은 선진국 중에서 유일하게 GM 식품 표시의무가 없다.

한편 몬산토보호법에 대한 반발은 과잉반응이라는 목소리도 있다.

"내 몸에 과학실험을 하지 마세요!"
(자료 : occupy-monsanto.com, 2012)

워싱턴에 본부를 둔, 공화당의 싱크탱크라 할 수 있는 '미국 엔터프라이즈 공공정책연구소'의 라메슈 폰누르 연구원은 이 일련의 반대운동에는 이해관계가 얽혀 있다고 비판한다.

"자연식품 기업은 어디나 공공연하게 이 법률의 제정을 비판하는데, 그건 GM 식품 관련 기업에 소송을 제기함으로써 경쟁상대를 시장에서 내쫓을 수 있기 때문일 겁니다. 과학적 근거는 아무것도 없습니다. 이유는 오로지 GM 식품이 그들 사업에 위협이 되기 때문입니다."

워싱턴 교외에서 가족경영으로 유기농장을 운영하고 있는 리사 구텐버그는 이번 사건과 과거의 한 기억이 오버랩된다고 말한다.

"국민에게 그 내용을 제대로 알려주지도 않고 뭔가 위기를 느낄 만한 찰나에 날치기로 법률이 가결되고, 결국 국민이 피해를 입고 난 후에야 정치가는 변명하느라 급급하죠. 언젠가 이 비슷한 광경을 본 것 같다 싶었는데, 저 명분 없는 이라크전쟁이 바로 그겁니다. 이번 마코스키 의원이 변명조로 써먹은 '재정절벽'이란 말은 그때 온 국민이 세뇌당한 '대량살상무기'와 같은 걸 겁니다."

그런데 몬산토보호법 통과 직후 국민들의 반발이 큰 것에 비해 대통령에게 전달된 서명자 수 25만 명은 너무 적은 게 아닐까? 그렇게 묻자 리사는 이렇게 대답했다.

"지금 미국에서는 대기업과 매스컴이 항상 공범관계를 형성하고 있습니다. 그때 온 미국의 관심은 완전히 다른 곳에 쏠려 있었습니다. 6월에 최고판결이 나오기로 되어 있던 동성결혼 시비가 그것입니다. 매스컴이란 매스컴은 죄다 그 뉴스로 도배를 한 통에, 국민은 그 뒤에 숨어서 조용히 통과된 새로운 법률에 대해 아무것도 전해듣지 못했습니다. 정말 억울합니다. GM 농산물의 대규모 규제완화라는 돌이킬 수 없는 법률이었는데 말이에요."

FDA가 외국의 식품정책을 관리하다, 식품안전근대화법

사실 국민은 물론 대부분의 국회의원에게도 자세한 내용이 알려지지 않은 채 성립된 중대한 법률이 또 하나 있다.

"이 법안이 성립되면, 농산물과 식품을 경작하고 매매하고 소비하는 사람들의 자유로운 선택권을 가장 폭력적으로 지배할 권한을 정부가 갖게 될 것입니다. 미합중국 헌법뿐만 아니라 자연계의 법칙에도 반하며, 나아가 신의 뜻에도 반하는 법률입니다."

캐나다에 사는 미생물학자 시브 초프라 박사가 이토록 격렬하게 비판한 것은 2011년 11월에 상원을 통과하고 2012년 1월 4일 오바마 대통령의 서명으로 제정되어 2012년 7월부터 시행되고 있는 식품안전근대화법(S501)이다.

살모넬라균에 오염된 계란으로 인한 식중독만으로 매년 약 11만 8,000명의 환자가 발생하고 있는 미국에서는, 이전부터 국가 차원의 예방관리와 사고 발생시 신속한 원인규명, 피해확대 방지를 위한 FDA의 적극적인 검사와 기록열람, 회수권한 등이 요구되었다.

식품안전근대화법에는 국내 사업자와 수입 사업자에게 벌칙을 주어 예방관리 책임을 강화하는 것으로 예방관리를 철저히 하고, 사고가 발생했을 때 신속한 원인규명과 피해확대 방지를 위해 FDA의 검사, 기록열람, 회수 등의 권한이 강화되어 있다.

"드디어 FDA의 권한이 강화되었습니다. 식품사업자들의 부담은 커지겠지만, 적어도 이것으로 식중독을 유발하는 열악한 위생상태나 비인도적인 업자와 공장은 당장 폐쇄시킬 수 있게 되었고, 모든 생산자에게 예방을 위한 엄격한 규제가 가해지게 될 겁니다."

캘리포니아 주의 루이즈 슬로터 하원의원은 이렇게 말하며 이 법안의 성립을 환영했다.

슬로터 의원이 말한 '열악한 위생상태나 비인도적인 환경' 하면 가장 먼저 떠오르는 것이 생산효율만을 추구하는 미국의 공업식 농장이다.

그런데 식품안전근대화법의 내용을 자세히 보면 이 문제에 대해서 전혀 언급도 하지 않을 뿐 아니라, 가축과 계란 제품에 관해서는 FDA 관할이 아닌 USDA 관할이라며 제외시켰다.

FDA의 권한 강화.

이것은 1980년대부터 줄곧 식품의 생산에서 가공과 유통까지도 산하로 편입시켜온 식품업계가 끊임없이 요구하던 것이었다.

식품안전근대화법은 '바이오 테러 방지'라는 명목으로 FDA가 정의한 '식품'에 대해 모든 생산자, 취급업자, 수출입업자가 등록을 하도록 의무화했다.

① 과실, 채소, 어류, 유제품, 껍질째인 계란

② 식품 혹은 그 구성물로 사용된 미가공의 농산품

③ (애완용 식품도 포함한) 동물 사료, 사료의 성분

④ 식품, 사료의 첨가물

⑤ 영양보조식품, 영양성분

⑥ 젖먹이용 분유

⑦ (알코올 음료나 페트병 음료수도 포함한) 음료품

⑧ 살아 있는 식용 동물

⑨ 빵, 과자류, 스낵류, 껌

⑩ 통조림

⑪ 식품의약품화장품법 제409조(h)(6)에 정의되어 있는 식품 접촉 물질(예컨대 포장)

"식품안전근대화법은 앞으로 식품을 재배하고 매매하고 수송하는 미국 국민의 권리를 모두 정부가 규제하겠다는 법률입니다."

오리건 주 올버니 시에서 중소규모 유기농장을 경영하는 레베카 란디스는 이 법률의 내용에 대해 주 당국에 항의문을 제출한 사람이다.

"이 법률로 인해 클린턴 정권하에서 중소규모의 식육가공업자를 격감시킨 HACCP가 다른 생산물에까지 의무화되는 것에 강하게 반대합니다. 재료 구입에서 조리와 보관, 출하에 이르기까지 전 공정을 국가가 정한 가이드라인에 맞춰 분석하고 기록하는 HACCP 위생관리시스템은, 당초 정부가 말한 것 같은 식육안전을 위한 환경개선 같은 건 하지 않습니다. 안전관리를 종업원의 자주적인 검사에 맡기고 자료공개 의무도 전혀 없기 때문입니다. HACCP의 실태는 고액의 비용과 지나치게 세밀한 절차, 식품추적 의무에 따른 방대한 제출서류 등에 대한 부담으로 지역의 중소 식육업자가 배제되고 대규모 식육업자의 과점화를 부추기는 악법이 었습니다. 식품안전근대화법은 이것을 농작물에까지 확대시킨다고 합니다. 우리 같은 소규모 농가는 망할 수밖에요. 이 법률에 규정된 수질유지를 위한 비용으로만 연간 3만 달러가 드는데, 우린 도저히 버텨낼 수가 없어요."

"소규모 가족경영 농가는 수정안을 통해 적용대상에서 제외시켰는데, 그래도 부담이 된다는 말씀이신가요?"

"우리 같은 가족경영 농장이 적용대상에서 제외된 건 분명합니다만, 면제신청을 하기 위해 면밀한 조사보고서를 작성하거나 납세신고서를 정리하는 등 다량의 문서작업을 해야만 합니다. 적절하게 처리하지 않으면 금방 엄격한 관리에 들어가겠지요. 이 법률이 소규모 농가나 유기농장을 지키기 위한 것이라고 오해하고 있는 국회의원이나 매스컴이 많은데, 실태는 전혀 반대랍니다. 분명히 말씀드립니다. 식품안전근대화법은 지역의 유기농장을 파괴합니다. 지역의 농장을 폐업으로 몰아넣고, 이 나라의 식료품 공급을 불안정하게 하며, 지방의 유기농식품 가격을 대폭 인상시킬 겁니다."

'연간 50만 달러 이하의 생산자'가 이 법률의 적용대상에서 제외되었을 때, 분명 민주당 의원이나 매스컴은 "이 법률이 정부의 음모가 아니냐며 지나치게 겁을 먹은 중소농가가 있다"며 반대파를 견제했다. 하지만 레베카는 그것은 문제를 바꿔치기한 것이라고 반론을 제기한다.

"50만 달러라니요! 우리같이 고작 640평방미터의 유기채소농장만 돼도 간단히 초과할 수 있는 규모예요. 지금까지 대규모 공업식이나 단일재배가 아닌 식료품 생산에 성공한 지방 생산자는, 앞으로 이 연간 50만 달러 이하라는 한도 안에 들기 위해 일부러 규모를 축소시켜야 합니다. 게다가 달러의 가치가 하락하고 있으니 50만 달러라는 한도 내에 들지 못하는 농가가 앞으로 더 증가하게 되겠죠. 더 말도 안되는 것은, 이 법률은 국내 농가가 재래종 종자를 보존했다가 이듬해에 사용하는 것도 금지하고 있다는 겁니다. 앞으로 농가는 거대 애그리비즈니스와 종자기업들에게 주권을 완전히 빼앗기게 생겼어요. 이렇게 가다가는 식육의 경우와 마찬가지로 거대기업의 독점이 나날이 심해져서 지역의 농업과 공동체는 지금보다 더 파괴되고 말 겁니다."

"국회의원들 사이에선 식품의 안전성을 높이기 위해 FDA의 권한 강화를 환영하는 목소리도 있는 것 같은데요?"

하지만 레베카는 FDA의 권한이 필요 이상으로 강화된 이 법률에 오히려 불안을 느낀다고 말한다.

"업계와 정부 사이의 회전문인사를 방관한 채 지금보다 더 권한을 준다면 어떤 결과가 올지 불을 보듯 뻔합니다. 도대체 식품규제의 집행 권한이 왜 FDA뿐만 아니라 재무부나 국토안전보장부에까지 주어지지 않으면 안되는 거죠? 게다가 이것은 미국과 무역을 하는 모든 국가에 막대한 영향을 미치게 되는데, 이 법률은 FDA에게 외국의 식품안전 계획을 지휘할 권한까지도 부여하고 있습니다."

레베카의 말처럼 식품안전근대화법의 제305조에는 "식품안전에 관한 외국 정부의 능력 구축"이라고 분명히 기재되어 있고, 제308조에서는 구체적으로 FDA가 선정한 외국에 재외사무소를 설치하고 미국에 식품을 수출하는 모든 외국 정부와 식품산업에 대해 식품안전 계획을 지휘할 권한을 FDA에 부여하고 있다.

미국이 외국 정부를 위한 식품안전 계획을 작성할 때 관여한 멤버는 FDA 장관을 비롯해 농무장관, 재무장관, 국토안전보장부 장관, USTR 대표, 상무장관, 국무장관, 식품업계 대표, 외국 정부 직원, 소비자 이익단체 대표, 기타 이해관계자라고 한다.

또 '안전한 전자자료 공유체제'를 여러 외국에 제공함으로써 FDA가 그 나라의 식품생산 활동을 전자식으로 추적하고 모니터할 수 있게 된다.

다른 나라의 식품안전 계획에 대한 규칙을 미국이 결정한다……. 레베카가 지적하듯 그것은 "심각한 사회문제가 되고 있는 식중독 방지"라는 식품안전근대화법 성립 당시의 대의명분과는 크게 어긋난 기묘한 내용이다. 도대체 이것은 누구를 위한 법률이란 말인가?

한편 로스앤젤레스의 시더의료센터에서 부원장을 맡고 있는 그렌 브라운스틴 박사는 미국에서 급증하는 식중독 환자의 수를 고려하면 이것은 필요한 조치라고 말한다.

"이 나라에서 판매되고 있는 식품의 수입률이 해마다 상승하고 있기 때문입니다. 어패류는 80%, 과일은 50%, 채소는 20%가 외국에서 들여온 것입니다. 그런데 수입품은 싸기는 하지만 오염의 위험이 높아요. 2011년에도 미국의 15개 주에서 멕시코산 망고를 먹은 사람 중 127명이 살모넬라균 중독으로 병원에 실려왔습니다. 국제적 식품안전 기준의 시급한 책정과, 각국에 그것을 준수하게 하는 국제규칙이 필요합니다."

브라운스틴 박사는 오바마 정권이 식품안전근대화법을 성립시킨 것을 높이 평가한다고 말한다. 이 법률에는 FDA가 "미국과 그 무역대상국의 식품, 영양보조식품 산업을 세계적인 식품 규격기준인 코덱스(Codex)에 맞추게 하겠다"고 적혀 있기 때문이다.

미국인이나 일본인이 대부분 그렇듯, 브라운스틴 박사 역시 국제기준의 존재에 강한 신뢰를 가지고 있다.

CAC(국제식품규격위원회)는 소비자의 건강과 공정한 식품무역 추진을 목적으로 1963년에 FAO와 WHO에 의해 설치된 국제기구다. 이 위원회는 각국 정부로부터 세계의 식품과 건강 산업에 있어서 무역상 통상기준을 설정하는 업무를 일임받고 있다.

"2년에 한 번 열리는 위원회의 회의 내용은 매스컴에 거의 공개되지 않습니다."

비타민C 결핍과 심장병의 상관관계를 발견하고,《왜 심장발작은 동물에게는 안 일어나고 인간에게만 일어나는가?》등 세계적인 밀리언셀러를 저술한 마티어스 라스 박사는 CAC의 중립성에 대해 의문을 제기한다.

"이 위원회에 대표를 보내도록 허가받은 단체의 절반 이상은 다국적 제약기업이고, 소비자 측 대표는 국제소비자조합(International Consumer Union)뿐입니다. 일반시민은 회의에 참가할 수 없어요. 2년에 한 번 개최되는 회의 내용은 매스컴에는 보도되지 않고 홈페이지에서만 열람이 가능하기 때문에, 이 위원회의 존재 자체가 거의 알려지지 않고 있습니다."

CAC의 멤버는 일본의 기업만 보더라도 다음과 같다. 스미토모화학, 홋코화학공업, 쿠미아이화학공업, 미츠이토아츠화학, 일본농약, 일본조달, SDS바이오테크, 일본냉동식품검사협회, 일본식품첨가물협회, 전국토마토공업회, 일본식품위생협회, 일본건강영양식품협회, 일본농약공업회, 국제영양식협회, 국제낙농연맹, 일본동물용의약품협회, 일본수입식품안전추진협회. 그리고 네슬레, 페프시코, 메르크, 바이젤, 로슈다이아그노스틱스, 코카콜라, 몬산토 등이다.

이 위원회가 설정하는 식품안전 규격은 무엇을 기준으로 정해지는 것일까?

2005년, 캘리포니아 주 산라파엘에서 실시된 NANP(전미영양학자협회)의 기념 이벤트에서 영양학 전문가이자 자연치료기금의 책임자인 리마 레이보 박사는 CAC가 특정 영양소를 독극물로 정의한 것을 고발했다.

"CAC는 1994년, 영양소는 위험하다며 임상적으로 치료 효과가 있다고 보는 것이라도 마약과 동등한 독극물로 간주하고 법률로 금지할 것을 결정했습니다. 그리고 가축에게는 성장호르몬과 항생물질을 투여하고, 식품은 날것으로 먹는 것을 제외하고는 방사선을 쬐는 것을 권장하고 있어요. CAC 홈페이지에 기재되어 있는 수입식품용 첨가물 목록, 예컨대 알드렌이나 헥사클로로벤젠 같은 유해물질을 사용하고 싶어하는 것은 소비자일까요, 아니면 그걸 판매하는 기업일까요? 이것들을 첨가한 식품의 수입을 세관에서 막으면 이것은 거래위반이 되는 겁니다."

현재 CAC 기준에 국제적 강제력이나 벌칙은 없다. 하지만 식품안전근대화법의 조문에 따르면 앞으로 미국 정부가 자국과 무역 상대국에 수락을 요청할 '식품안전 규칙'의 내용은 CAC의 기준에 맞춰 만들어진다.

식품안전근대화법 제308조에는 이 규칙에 포함되어야 하는 내용으로 다음과 같은 사항이 적혀 있다.

① 양국 간 혹은 다국 간 합의에 관한 권고
② 검사 보고의 다국 간 인증
③ 미국의 식품안전 요구사항에 대한 외국 정부·생산자의 교육과 훈련
④ CAC 요구사항과 조화를 이루도록 하는 권고
⑤ 시험방법, 발견방법 등에 관한 다국 간 합의

이 법률은 미국에서 식품의 생산과 유통을 완전히 장악한 몇몇 다국적기업에게는 가까운 미래에 크나큰 발전을 이루리라는 것을 의미한다.

앞으로 식품에 관한 국제조약과 무역협정이, 미국을 포함한 모든 국가의 국내법을 능가한 신법 식품안전근대화법에 의해 크게 달라질 것이다.

제3장

GM 종자로 세계를 지배하다

자유화로 인해 사라진
중소농가

2011년 12월 14일.

오바마 대통령은 노스캐롤라이나의 미군기지에서 수많은 군인들을 앞에 두고 이라크전쟁 종결에 대한 연설을 했다. 대통령은 이라크전쟁에 관여한 모든 병사들을 격려한 후 힘찬 목소리로 이렇게 선언했다.

"이라크는 완전한 나라는 아닙니다. 하지만 우리는 독립적인 주권국가가 된 이라크를 뒤에 남겨두었습니다. 미국은 특별한 공적을 거둔 것입니다."

하지만 8년에 걸친 이라크 침공이 종결을 고한 후 뚜껑을 열어보니 주권을 잡은 것은 이라크 국민이 아니라 다국적기업이었다. 그중에서도 석유 관련 기업이나 금융기관 못지않게 이라크 지역에서 막대한 권력을 손에 넣은 것은, 미국에서 1980년대부터 착실히 규모를 키워온 애그리비즈니스였다.

2003년으로 거슬러올라가면, USDA와 미군은 이라크의 농업이 '심각한 위기'에 처해 있다고 보고했다. 그들에 따르면 이라크에서 과거 10년간 주요 곡물의 생산량이 절반으로 준 것은 사담 후세인의 악정 때문이라는 것이다.

보고서에 따르면, 이라크 정부가 농민들로 하여금 매년 쉬지 않고 밀을 생산할 것을 강요한 탓에 휴경기간을 갖지 못한 토양이 열악해지고 침식으로 생산성이 저하되었다. 또 비옥함을 잃어버린 토지에서는 매년 사용할 질 좋은 종자를 얻을 수 없는데다, 1999년부터 2000년에 걸친 가뭄이 결정타를 가했다. 마침내 독재자의 악정으로부터 해방된 이라크에 다시 한 번 '강한 농업'을 되돌리기 위해서는 미국의 원조가 필요하다는 것이다.

하지만 그것은 참 알다가도 모를 이야기였다. 미국에서는 클린턴 정권이 1996년에 후세인이 한 것과 완전히 똑같은 일을 하고 있었기 때문이다.

1930년대 이후 미국에서는 급격한 가격변동과 과잉생산에 의한 가격하락, 열악화된 토양으로부터 농업을 지키기 위해, 정부가 휴경정책과 작물저장 프로그램을 실시하도록 했다.

그런데 그것은 대규모 애그리비즈니스가 단일재배로 수출용 곡물을 대량생산하는 데는 비효율적이었다. 그런 이유로 클린턴 정권은 1996년에 농업을 자유화하는 '신농업법'을 성립시키고, 농사를 짓지 않고 농지를 묵혀서 생산량을 감소시키는 정책과 소득보상제도를 폐지해서 생산자가 생산량을 자유롭게 결정할 수 있도록 했다.

이러한 개정으로 농지를 완전히 활용해서 생산하게 되었고, 덕분에 생산량은 급증했지만 그만큼 가격은 하락했다. 이로 인해 생산효율이 낮은 중소규모의 농가는 대규모 기업과 경쟁을 피할 수 없게 되었고, 생산효율을 높이기 위해 새로운 기술과 신형기계, 보다 많은 농약 등을 도입하지 않을 수 없게 되었다. 하지만 그것은 생산비용을 낮추기 위해 대량생산을 함으로써 생산량을 늘리고 시장가격을 하락시키는 악순환을 낳고 말았다.

대량생산이 불가능한 전통적인 농가나, 살아남기 위해 공업식으로 전환했지만 장기간에 걸친 가격하락으로 설비투자비를 회수할 수 없게 된 중소농가가 하나둘 파산하기 시작했다. 신농업법이 초래한 것은 대규모 애그리비즈니스의 변함없는 독무대였다.

1998년 아시아의 금융위기와 미국의 농산물 수출량 격감으로 가격이 급락했을 때 정부는 '긴급원조'라는 명목으로 거액의 농산물보조금을 지출한다. 그런데 이 보조금 역시 이미 과점화와 공업화로 양극화된 농업구조 안에서 극소수의 애그리비즈니스에게만 흘러들고 정말로 원조가 필요한 가족경영 농가에게는 제대로 전달되지 못했다.

그 후 정보공개법에 따라 그 내역이 공개되었다.

정부 문서에 따르면, 1998년부터 2003년까지 5년 동안 '포춘 500'에 이름을 올린 기업 11개 사를 포함한 상위 20%에 해당하는 대규모농장의 보조금 수급액은 매년 평균 100만 달러였고, 나머지 80%의 중소농가는 평균 5,830달러의 보조금을 받았다.

워싱턴에 본부를 둔 비영리시민단체 CAGW(정부의 예산낭비에 반대하는 시민들)의 농업정책 책임자인 존 페르디난도는 이러한 일련의 자유화를 칭찬한다.

"글로벌화로 인한 가격경쟁이 격화되는 가운데 농업의 국제경쟁력을 빼앗는 지금까지의 과도한 정부개입은 잘못된 것이었습니다. 지나친 보호는 농업을 타락시키고 기득권에 매달리게 합니다. 적절한 경쟁을 도입함으로써 농가 역시 시장의 동향을 배우고 지혜를 이용한 전략을 세우게 되는 겁니다. 그렇게 절차탁마함으로써 크게 성장하게 되는 거죠."

CAGW는 화학제품 제조회사의 사장인 J.P. 그레이스가 1984년에 설립한 보수파 시민단체로, 일반시민 외에 담배회사나 월스트리트, 석유회사 등 대규모 업계들이 스폰서로서 활약하고 있다. 단체의 사명은 정부에 의한 예산낭비를 감시하고 국민의 자유와 세금을 지키는 것이라고 한다.

하지만 과거 수십년간 식품을 둘러싼 구조는 급속하게 변화했고, 유통시장을 지배하는 대기업과 생산자의 격차는 자꾸만 벌어지고 있다. 요즘엔 설사 넓은 토지를 소유하고 있다고 해도 농가 자체가 갖는 실권이 거의 없다. 경영 능력이 뛰어나고 대기업과 협조를 잘해 살아남은 농가도 뚜껑을 열어보면 대부분의 경우 농장과 종자, 비료의 배분, 농기구에 이르기까지 대기업의 치밀한 지시를 받아야 하고, 종자를 보존할 수도 없으며, 고용주가 시키는 대로 일해야 하는 시스템이 구축되어 있다.

정부의 개입을 최소화하고 가격경쟁을 이겨낸 강한 농업을 해냈다손 치더라도 그 이익은 모두 정상에 있는 소수의 대기업 간부와 그 주주에게 흘러들고 만다.

기업 참여로 무국적화되는 농업

CAGW의 페르디난도를 비롯해 미국에서 '대규모 공업화된 농업'을 추진하자는 목소리가 해마다 높아지고 있다. 글로벌화에서 경쟁력으로 빼놓을 수 없는 기술, 자본, 시장을 보다 효율적으로 획득하기 위한 수단으로 '농업에 대한 기업 참여 확대' 정책이 산업계의 강한 요청으로 전면에 드러나 있다.

사실 미국에서 주류를 이루던 농가나 동족회사의 농지, 생산시설 등은 최근 수십년에 걸쳐 하나둘 거대 농업 관련 기업 산하로 옮겨갔다.

앞서 언급한 농업경제학자 존 이카도 박사는 이런 가격경쟁을 위한 생산확대와 농업에 대한 기업 참여 확대 정책에 경종을 울린다.

"미국에서는 국민이 더이상 자국의 농업을 통제할 수 없게 되었습니다. 먹을 것을 누가, 어디서, 어떻게, 어느 정도 생산할 것인지를 결정할 결정권이 개인에서 다국적기업으로 급속하게 넘어가고 있기 때문입니다. 현장 노동자는 아직 미국인이지만 생산에 관한 결정은 나라 밖에서 누군가 다른 사람이 하고 있는 겁니다. 외국인은 미국의 농업은 대규모라 생산성이 높고 정부가 농업을 보호한다고 말합니다. 하지만 보호받는 것은 농가가 아닙니다. 대부분의 경우 그것은 미국인조차도 아닙니다."

이카도 박사의 말처럼, 지금은 미국의 농가가 대기업과 계약할 때 그 조건이 개인이 아니라 농업 관련 대기업에 의해 정해진다.

다국적 애그리비즈니스는 정부를 자기편으로 만들어 대규모화를 꾀하기 위한 국내법 개정을 반복하고 월스트리트의 후원으로 시장을 독점했다. 그 결과 주주를 비롯해 시장과 생산지 등 모든 것이 국경을 초월했다.

생산효율과 이익확대를 목표로 끊임없이 가속화되고 있는 이 흐름 속에서 생산자인 농가 역시 말단에서 일하는 톱니바퀴 같은 노동자가 되어가고 있다. 농업을 둘러싸고 형성되던 문화와 전통, 그리고 지역사회와 공동체 같은 부가가치는 농업을 소유한 기업이 그 지역과 나라에서 멀어질수록 의미와 빛을 잃어갈 것이다.

다국적기업이 꿈꾸는 땅, 이라크

2013년 3월. 전쟁 개시로부터 10년째를 맞이한 이라크전쟁을 검증하는 내용이 세계 각지에서 신문의 1면을 장식했다. 구미의 주류 미디어들이 전쟁 개시 이유의 옳고 그름은 제쳐둔 채 아주 조심스럽게 전쟁 후의 부흥을 긍정적으로 다루는 한편, 각국의 시민단체들은 단호히 이 전쟁의 부정적인 측면을 파고들었다.

그들은 당초의 대의명분이었던 대량살상무기의 존재나 9·11테러와의 관계, 이라크에서 100만 명 단위의 사망자나 수백만 명에 이르는 국외난민이 발생한 것, 열화우라늄탄에 의한 환경오염과 수많은 미군 사상자, 자유화로 인해 구미의 다국적기업이 장악한 거대한 석유와 금융 이권 등 다방면에 걸쳐 거론했다.

캐나다의 조사저널리스트 나오미 클레인은 이라크전쟁 후의 자유화정책을 가리켜, 공포감을 부채질하고 신자유주의를 강행하는 '쇼크독트린'(충격적인 사건이 일어났을 때 사람들의 사고가 정지되어 있는 동안 과격한 정책을 실행하는 수법−옮긴이)이라고 비판했다.

이라크전쟁은 정부가 종군기자 제도를 이용해 완전보도를 규제한 탓에, 막대한 인적·경제적 희생을 치른 뒤에야 미국 국민 대부분이 '이라크전쟁 개시는 잘못된 것'이었다고 인식하게 되었다. 그동안 미국에서 상영된 이라크전쟁 관련 영화도 전쟁 개시 이유 같은 정치적인 측면보다는, 미군의 시점에서 바라본 자기들의 고통에 초점을 맞춰 만들어진 것이 대부분이었다.

뉴욕의 비영리단체 '인터내셔널 액션 센터'의 직원인 사라 호라운더는 이것을 위험한 징후라고 지적한다.

"이것은 걸프전쟁 이후 벌어진 전쟁들의 특징인데, 이라크전쟁도 정보전쟁이었습니다. 미국 국민의 대다수는 경제를 압박한 3조 달러에 이르는 전쟁비용과 사상자 수를 알고 나서야 비로소 이라크전쟁을 비판하게 되었습니다. 하지만 이 역시 단편적인 정보만을 보고 있기 때문에 어디까지나 일반적인 전쟁피해에 대한 분노에 불과합니다. 오바마 대통령의 종결 선언으로, 미국인에게 이라크는 교과서에 나오는 베트남전쟁과 나란히 과거의 전쟁이 돼버렸습니다. 이라크전쟁에 대한 비판은 나와 있지만, 이라크의 현재는 누구도 말하지 않습니다. 미국에서는 텔레비전에서 사라지면 존재하지 않는 것이 되고 마는데, 이는 미국 국민에게 정말 위험한 징조입니다."

대부분의 미국 국민들 사이에서 오바마 대통령의 종결 선언으로 이라크전쟁은 과거가 되었고, 이라크에서 지금도 계속되고 있는 사태에 대한 관심은 시간의 흐름과 함께 퇴색했다. 그야말로 2011년 3월 11일 사고 발생 이후 지금도 매시간 1,000만 베크렐의 방사성물질을 방출하고 있는 후쿠시마 제1원전이, 총리의 수습 선언 이후 뉴스의 중심에서 사라지고 일본인 대부분이 느끼는 위기감이 차츰 희미해져버린 것처럼 말이다.

하지만 호라운더의 말처럼 이러한 현상은 국민에게는 크나큰 리스크가 아닐 수 없다. 왜냐하면 역사에는 끝이 없고, 시간이 지나 잊을 만하면 다시 반복되는 것이 역사이기 때문이다.

"미국 국민이 관심을 버리면 안되는 이라크의 실태란 무엇인가요?"

"이라크에서 미국이 저지른 만행은 물리적인 파괴만이 아니었습니다. 더 근본적인 것은 국가의 틀을 합법적으로 개조했다는 겁니다. 현재 이라크는 다국적기업들 사이에서 '꿈의 땅'이라고 불립니다. 그 이유를 미국 국민들은 누구 못지않게 제대로 직시해야 할 것입니다. 왜냐하면 그것은 지금 바야흐로 우리 미국인의 신변에 벌어지고 있는 일이기 때문입니다."

2004년 4월. 바그다드 함락 직후 이라크에서 폴 블레머 지휘관이 인솔한 CPA(이라크연합국군정당국)가 작성한 법률 100개가 시행되었다. '100개의 명령'(100 Order)이라고 불리는 이 법률의 내용을 보면, 미국 정부가 1980년대부터 자국민에게 실행하던 정책과 방향성이 너무나도 일치한다.

블레머는 가장 먼저 국내법으로 견고하게 지켜지고 있던 이라크의 경제와 산업을 해체했다. 국영기업 중 200개를 순식간에 민영화시키고, 외자계 기업에게는 100% 주식소유와 40년간의 영업권을 넘겨주었다.

오너가 외국법인으로 바뀌면 종업원의 노동조건은 '글로벌시장에서 가격경쟁력 강화'를 위해 대폭 하락한다. 이라크인 실업자 급증과 비용삭감으로 급속히 확대된 이익은 단 한 푼도 이라크 국내에 남아 있지 않다. 외국기업이 이라크 내에서 얻은 이익의 일부를 정부에 환원한다는 통상의 규정이 철폐되어 모든 이익이 국외로 송금되었기 때문이다.

뿐만 아니라 외자계 기업의 참여를 용이하게 하기 위해 CPA는 40%였던 법인세를 15%로 삭감하고, 이라크를 출입하는 물자에 부과하는 관세, 수입세, 로열티 등도 모두 폐지했다. 그로 인해 이라크 내로 다량의 외국제품이 유입되었으며, 오래지 않아 이라크 국내산업을 하나둘 파탄으로 몰고 갔는데, 이 상황은 그다지 알려져 있지 않다. 은행과 매스컴의 주식이 최대 50%까지 개방된 탓에 금융과 정보를 외자계 기업이 확실히 장악하고 있었기 때문이다. 대부분의 미국 국민은 오히려 지금도 이라크의 상황이 좋은 방향으로 가고 있다고 철석같이 믿고 있다.

수많은 상품이 즐비한 이라크 국내의 영상이 "자유를 얻어 부흥하는 이라크" 같은 긍정적 이미지의 자막과 함께 미디어에서 흘러나왔기 때문이다.

CPA의 '100개의 명령'은 이라크의 국내법보다 우위를 차지하고 있기 때문에 만에 하나 모순이 발생했을 때는 국내법을 개정해야 한다. 그중에서 이라크 식량의 운명을 크게 바꿔놓은 것은 '명령 81호'였다.

명령 81호

1만 년의 긴 세월 동안, 이라크 농가는 매년 지역의 기후에 맞춘 다양한 밀을 골라 이듬해를 위해 보존하고, 그 종자를 최적의 형태로 교배시키고 진화시켜온 역사를 가지고 있다. 2002년 FAO의 자료에 따르면, 그 무렵 이라크 농가의 97%가 종자를 전년도 작물이나 지역시장에서 확보했다고 한다. 20만 종이라는 다양한 종류의 밀을 만들어온 이라크에서, 농업생산율을 회복하기 위해서는 국내 농가의 이런 지혜와 지역 내 정보공유를 다시 활성화시켜야 한다는 것은 누가 보더라도 명백한 일이었다.

하지만 미국 정부의 머릿속에는 전혀 다른 계획이 준비되어 있었다.

"이라크의 농업은 앞으로 근대화될 것입니다."

"이라크 농가에 필요한 것은 최신식 농업기술과 그것을 최대한 활용하기 위한 적절한 농업시스템입니다. 미국에서 큰 성공을 거둔 대규모 애그리비즈니스를 이라크에서도 널리 전개하기 위한 구조개혁이 시급히 이루어져야 합니다."

미군 본부는 이라크 농업재생 계획에 대해 미국 내에서 이렇게 발표했다.

"따라서 이라크 니네베 지역에 다국적군이 '미래를 위한 씨앗'을 심게 될 것입니다."

가장 먼저 이라크 농민들을 대상으로 근대화된 농업에 대한 대규모 교육을 실시했다. 이 프로젝트를 담당한 것은 텍사스A&M대학으로, 이 대학은 워싱턴을 거점으로 한 미국곡물협회가 경영하고 있다. 이 협회는 미국 내의 산업계를 비롯해 애그리비즈니스 기업들과 USDA의 지원을 받아, 전 세계를 대상으로 미국 수출산업 확대를 위한 바이오시장 개척 프로그램을 추진하고 있다.

1년 이내에 생산량을 배가시키는 이 프로젝트를 위해, 이라크 국내에서 800에이커(약 100만 평)에 달하는 토지가 선정되었다. 그곳에 심은 것은 순식간에 생산량이 증가하는 '미국제 마법의 종자'였다. 예상대로 1년 후 생산량은 배로 늘었고, 경탄해 마지않는 이라크 농민들에게 A&M대학은 미국제 GM 종자와 농약, 그리고 농기구를 빠짐없이 제공하면서 '이 훌륭한 근대화기법'으로 전환할 것을 장려했다. 스폰서 기업은 이 업계의 3대 기업인 몬산토, 카길, 다우캐미컬이다.

애리조나 주에 본사를 둔 월드와이드위트도 뒷짐만 지고 있지는 않았다. 이들은 바그다드의 농민들에게 1,000파운드(약 450킬로그램)의 GM 밀과 농약 세트를 무료로 제공하고, 재배방법을 아주 꼼꼼하게 가르쳐 눈부신 생산량 증가를 달성했다. 이 성과는 비즈니스잡지에 대서특필되었고 투자가들의 관심을 끌어모았다.

이런 일련의 움직임 속에서 이라크의 식품과 농업의 운명을 크게 바꿔놓은 법률이 CPA 명령 81호인 '특허, 공업디자인, 미공개정보, 집적회로, 식물품종법'이다.

CPA 명령 81호는 '100개의 명령' 중 그다지 눈에 띄는 것도 아니었고 미국 내의 매스컴에서도 전혀라고 해도 무방할 정도로 다뤄지지 않았다. 그런데 이 지적재산권 관련 항목이 그 후 세계 여러 나라 간의 파워게임을 좌우하는 강력한 도구가 되었다.

그전까지 이라크에는 생명체에 특허를 부여한다는 발상도, 그러한 법률도 존재하지 않았다. 그런데 명령 81호의 '식물품종법'으로 이라크의 국내법은 보기 좋게 수정·보완되고 만다.

"이후 모든 신제품과 제조기술은 특허로 보호받는다. 보호받는 제품은 20년간의 보호기간 동안 특허 소유자의 허가 없이 부정이용하거나 제조, 사용, 판매해서는 안된다."

오랜 역사를 자랑하던 이라크 농민의 전통은 종지부를 찍고 말았다. 전년도의 종자를 보존하거나 이웃 농가끼리 교환하거나 교배하는 행위가 한순간에 위법이 되고 만 것이다.

식물품종법은 대외적으로는 이라크 국민에게도 평등한 법률이었다. 하지만 1990년대부터 지속된 UN의 경제적 제재와 가뭄으로 피폐해진 이라크 농민들은, 마실 것마저 UN의 지원에 의존해야 하는 비참한 상황에서 감히 신종을 개발하고 특허를 받을 엄두조차 내지 못했다. 설령 엄두가 났다 하더라도, 새롭게 특허를 받아 보호받을 수 있는 종자는 신종으로 그와 비슷한 종류가 있어서는 안되고, '균일·불변'이라는 성질을 조건으로 하고 있어서 어차피 이라크의 재래종과는 거리가 멀었다. 특허기간은 종자의 경우 20년, 줄기식물과 나무는 25년이다. 결국 애그리비즈니스 기업의 GM 종자들만 줄줄이 특허를 취득했다.

CPA의 농업근대화 캠페인에서 제공된 GM 종자와 농약, 신기술을 단 한 번이라도 사용한 이라크 농민이라면 자동적으로 그것을 제공한 대기업의 테크놀로지 동의서에 서명을 해야 한다. 그렇게 되면 매년 사용료와 로열티 청구서가 각 가정으로 날아드는 구조였다.

몬산토의 GM 종자를 사용하는 농가는 미국과 캐나다를 비롯해 세계 어느 곳에서든 같은 특허계약을 맺게 된다.

- 자기 농가에서 채집된 종자를 이듬해에 사용하는 것을 금지한다.
- 매년 종자는 몬산토에서 구입한다.
- 농약은 반드시 몬산토에서 산다.
- 매년 로열티를 몬산토에 지불한다.
- 무슨 문제가 발생했을 때는 그 내용을 외부에 누설하지 않는다.
- 계약 후 3년은 몬산토 사설경찰의 농장 출입을 허가한다.

몇백 년에 걸쳐 이라크 농가가 개발해온 밀이나 보리, 콩류, 대추야자 등의 주요 작물 대신, 널리 보급된 것은 근대화되고 공업화된 수출을 위한 대규모 생산용 GM 농산물이었다. 그 후 이라크 농가는 모든 종자를 매년 반드시 몬산토나 신젠타, 다우케미컬 같은 대규모 미국기업으로부터 구매해야만 했다.

"이라크에 민주주의의 씨앗을 심었다는 것은 결국 그런 장대한 코미디였습니다."

뉴델리에서 활동하는 금융저널리스트 라자 지슈누는 말한다.

"부시 전 대통령은 미국이 이라크에 민주주의의 씨앗을 심었다고 말했고, 오바마 대통령은 미군이 이라크를 주권국가로 만들었다고 말했습니다. 하지만 사실은 합법적인 약탈인 셈입니다. 이라크 시민의 식품안전보장과 자립을 지원한다고 말은 하면서 명령 81호 같은, 어느 모로 보나 유해한 신법으로 이라크 농지를 애그리비즈니스의 국외생산지로, 자부심 높은 이라크 농민을 현지의 고용된 노동자로 전락시키고 말았습니다. 그곳에서 대량생산되는 제품은 이라크 국민들 입으로는 들어가지 않습니다. 모두 글로벌 시장으로 수출돼버리죠."

"이라크 농민에게 다른 선택의 여지가 있었나요?"

"다른 선택의 여지가 사실 없는 거나 마찬가지였죠. 경제적 제재와 가뭄, 그리고 미국의 이라크 침공 때문에 이농(離農) 직전까지 내몰린 이라크 농민들에게 CPA가 다시 농사를 지을 수 있게 해주겠다는 거였잖아요. 슬로건은 '이라크에 강한 농업을!'이었고요. 드디어 농업을 재개할 수 있게 됐다고 기대한 이라크 농민이 USDA에 재개신청을 제출하자마자 CPA는 그들에게 개발도상국의 개발을 지원하는 USAID(미국 국제개발처)에서 보내온 종자와 농약을 보조금까지 챙겨서 무료로 제공한 겁니다. 그처럼 좋은 제휴도 없을 겁니다. 아시는 바와 같이 GM 종자는 한번 사용하면 매년 사용할 수밖에 없으니까요."

"이라크 농민은 그것이 GM 종자라는 사실을 알고 있었을까요?"

"아닙니다. 그들이 무상으로 제공되는 종합선물세트 안의 내용물을 알 수 있는 방법은 어디에도 없었습니다. USAID가 판별자료 공개를 거부했기 때문이죠. 나중에야 그것들이 죄다 GM 종자였다는 사실을 알았고, 그때는 이미 매년 로열티를 지불해야 하는 사이클에서 빠져나올 수 없는 처지들이 되어 있었죠."

"세계적으로 유명하던 이라크의 재래종은 어떻게 되었나요?"

"이라크의 종자은행은 미군에게 폭격을 당했습니다. 후세인 시절의 농무대신이 비상용으로 시리아의 알레포에 있는 ICARDA(국제건조지역농업연구센터)에 맡겨둔 일부 종자를 제외하고, 종자은행에 보존되어 있던 이라크의 귀중한 재래종 씨앗은 모조리 파괴되고 말았어요. 이라크인에게 더할 수 없는 굴욕은, 종자은행이 있어서 세계적으로 유명하던 자리가 지금은 전혀 다른 이유로 유명해지고 말았다는 겁니다."

"그곳이 어디인가요?"

"아부그레이브입니다."*

---

* 이라크전쟁 당시 아부그레이브에 있는 교도소에서 미군이 이라크 수감자들을 모욕하고 학대한 전쟁범죄를 말한다. – 옮긴이

인도의 '하얀 금괴'

1995년부터 2000년까지 5년간, 몬산토는 세계 각지에서 약 50개의 종자회사를 매수했다. 1999년 몬산토는 진작부터 출자해오던 면화생산 세계 3위인 인도의 대규모 종자기업 마히코를 매수하고, 그 후 2001년에 인도에서 Bt면의 판매허가를 취득했다. Bt면은 GM 기술로 세균에서 유래한 살충성 독소를 도입해 나방 유충이 접근하지 못하게 만든 GM 면이다.

이듬해인 2002년, 몬산토는 인도에 진출해 재래종보다 고가인 이 Bt면이 살충제 사용량을 줄이고 생산량을 증가시킨다는 대대적인 광고 캠페인을 전개했다.

이 시점에서 인도 농민들에게 다른 선택안은 없었다. 인도 정부의 지휘하에 시장에서는 이미 재래종의 4배 가격인 Bt면 종자만이 판매되고 있었기 때문이다. 면화농가는 고가의 Bt면 종자를 사기 위해 빚을 내기 시작했다. 그때 이미 자금업자도 몬산토 계열로 바뀌어 있었는데, 생산량이 급증하면 금방 빚을 갚을 수 있을 거라는 믿음에 아무것도 모르는 농민들은 기대로 가슴이 부풀었다.

2002년 4만 헥타르였던 Bt면 재배면적이 2004년에는 55만 헥

GM 농산물 수입금지 상황 (자료 : PreventDisease.com)

타르로 확대되었다. Bt면 재배로 농약 사용량이 감소하면 면화농
가의 수입이 늘 거라고 기대한 인도 정부는 즉시 새로운 Bt면 다섯
종류의 상업재배를 추가로 허가했다.

　그런데 당초의 Bt면 세 종류의 인가기한이 끝나는 2005년이 되
자, 인도 국내의 NGO(비정부기구)나 농업학자들로부터 환경청에 허
가를 연장하는 것을 유예해달라는 요청이 들어왔다. Bt면을 도입
한 안드라프라데시 주에서 3년에 걸쳐 조사한 결과, 수확량이 감
소하고 225세대 농가의 수입도 평균 60% 감소했으며, 농약 사용
량 역시 농약에 내성이 생긴 해충들 때문에 오히려 증가했다는 것
을 발견했기 때문이었다.

　애당초 미국 기후에 맞게 개발된 Bt면이 강수량이 많은 인도에

서도 미국과 똑같은 수확량을 올린다는 것 자체가 불가능한 이야기였다.

예기치 못한 막대한 피해에 타격을 입은 농민들은 설상가상으로 세계시장에서 면화가격 급락이라는 사태에 직면하게 된다. 거액의 정부보조금으로 보호받고 있던 미국산 면화의 과잉공급이 시장가격을 끌어내린 것이다.

쌓일 대로 쌓인 빚더미에 옴짝달싹할 수 없게 된 농민들은 하나둘 자살이라는 벼랑 끝으로 자신을 몰아넣었다. 2000년 중반부터 농민의 자살률이 급증해 2011년까지 자살한 농민의 수가 27만 명에 달했다.

마히코는 이에 대해 "Bt면의 수확량은 재래종에 비해 전년도보다 58% 상승했고, 수입도 163% 증가했다"고 반박했다. 하지만 GM 종자의 생산량과 농약 사용량에 대해서는 세계 각지에서도 "생산량이 증가한 것은 처음 몇 년뿐이고, 농약 사용량도 결국 증가했다"는 비슷한 보고가 나오고 있다.

2004년 미국의 아이다호 주 과학환경정책센터의 찰스 벤브루크가 실시한 조사는, GM 농산물은 사용을 개시한 후 3년 정도는 농약 사용량이 감소하지만 그 뒤에는 사용량이 점차 증가한다는 것을 보여준다. GM 종자와 세트로 판매되는 강력한 제초제를 계속 사용하면 어느새 그 농약에 내성을 가진 잡초들이 출현하고, 그럼 다시 새로운 제초제를 사용하는 악순환이 반복되면서 농약 사용량을 증가시키기 때문이다.

대안 노벨상이라고 불리는 '바른생활상'(The Right Livelihood Awards) 수상자인 인도의 철학자이자 환경운동가 반다나 시바는 GM 종자를 '제2의 녹색혁명'이라고 비판한다.

시바에 따르면, 1970년대의 녹색혁명은 화학약제의 매출을 증가시키려는 속셈과 더불어 식료품 증산이라는 목적이 있었지만, 이번 녹색혁명은 종자를 지적소유권으로 등록해 특허사용료를 회수하고, 농가를 GM 종자에 의존하는 시스템으로 끌어들이는 것이 목적이라고 말한다.

시바가 이끄는 환경단체는 1998년부터 몬산토를 인도에서 쫓아내기 위한 활동을 계속 벌이고 있다. 그런데 인도 국내의 종자기업을 대부분 손아귀에 쥐고 있는 몬산토는 활동가들의 이 같은 반발에 눈썹 하나 까딱하지 않는다. 세계를 주름잡는 최정상의 다국적기업에게 대다수가 문맹인 인도 농민들을 꾀어내는 일은 식은 죽 먹기보다 쉽기 때문이다.

인도의 인기 있는 영화배우들을 기용한 화려한 선전과 텔레비전광고, "하얀 금괴"니 "기적의 씨앗"이니 하는 매력적인 문구와 세련된 마케팅 전략에 생산량 저하로 희망을 잃은 인도 농민들은 마음을 빼앗기고 말았다. 그들은 '부자가 될 수 있다'는 판매자의 감언이설을 그대로 믿고 내용도 제대로 이해하지 못한 채 계약서에 사인을 했다. 종자나 농약에 대한 취급설명서는 영어로 쓰여 있는데, 글을 모르는 그들에게는 휴지조각이나 다름없었다. 이렇게 해서 몬산토의 마케팅은 대성공을 거두었고, 마침내 Bt면의 인도 제패라는 꿈은 실현되었다.

2011년 국제애그리바이오사업단의 보고서에 따르면, 농민 자살자가 여전히 증가하고 있음에도 불구하고 인도에서 Bt면 재배면적은 전년 대비 15%가 증가해서 면화 전체의 88%를 차지했다.

국내에서 매해 증가하는 강력한 반(反) GM 활동, 수많은 농업학자들의 우려, 상승하는 농민자살률. 이러한 부정적인 요소에도 불구하고 인도 정부가 여전히 GM 종자 추진을 계속하는 배경에는 무엇이 있을까?

힌트는 2005년에 체결된 정부 간의 한 협정에 있다.

인도와 미국의 1%가 손을 잡다

2005년 7월 18일, 당시 미국의 부시 대통령과 인도의 싱 총리는 미국과 인도 간의 AKI(농업지식 이니셔티브)에 조인했다.

AKI는 '인도 농업의 인재육성과 연구제도의 기반구성에 대한 미국 대학의 적극적인 참여'를 규정하고, '새로운 파트너십 형성'을 제안하는 내용이었다. 학회와 민간기업, 그리고 정부관계자 등으로 구성된 위원회의 미국기업 대표로는 몬산토, 아처대니얼스미들랜드 등 정상급 바이오기업과 마트업계의 1위인 월마트가 합류해 있었다.

인도의 시장개방에 열심인 멤버는 미국계 애그리비즈니스뿐만 아니라 신젠타, 테스코, 까르푸 등 유럽기업, 그리고 인도 국내에서 GM 종자 비즈니스를 노리는 대기업 타타 등이다.

12억 인구의 인도에서는 1%와 99%의 구도로 그려지는, 미국을 훨씬 웃도는 속도의 양극화가 진행되고 있다. 무엇이든 민영화시킨다는 미국 모델은, 1991년 이후 그것을 수용한 인도의 경제성장과 국내의 계층 격차를 초고속으로 후원했다. 인구의 1%도 안 되는 고작 0.1%에 해당하는 초부유층이 GDP(국내총생산)의 약 4분의 1을 소유하고 있기 때문이다. 타타, 릴라이언스, 인포시스, 미타르, 무케시, 에사르, 베단타, 진다르 등 극소수의 기업들이 인도라는 광대한 나라를 지배하고, 더 나아가 아시아와 아프리카, 남미와 유럽으로 그 시장을 확대해가고 있다.

예를 들어 인도 최대의 민간 전력회사이기도 한 타타그룹은 현재 세계 80개 국에서 100개 이상의 기업을 경영하고 있다. 또한 가스유전, 자동차, 호텔체인, 철강, 주요 수출자원인 광산, 출판, 통신, 식품, 화장품, 케이블TV를 소유하고 있으며, 인도 내에 있는 도시 하나를 통째로 운영하고 있다.

다국적기업은 규모가 커질수록 국경을 초월한 네트워크를 형성해간다. 인도와 미국의 1%층 역시 국내외에서 효율적으로 시장을 확대하는 지혜를 서로 공유하고 있다. 인도의 상류계급은 거의 모두 자녀를 하버드 등 미국의 일류대학으로 유학시킨다. 이것은 미국 입장에서는 효율적인 투자가 아닐 수 없다. 미국식 글로벌리즘을 배운 그들은 결국 국제기관이나 자국에서 높은 지위를 차지할 것이고, 그렇게 다국적기업을 위한 환경을 정비할 유익한 존재가 될 것이기 때문이다.

미국이 과거 30년간 국내외에서 시장확대를 추진했을 때 키워드로 삼은 '규제완화'와 '민영화 정책'이, 세트로 도입된 '개인정보 일원화 정책'에 의해 최대효과를 올리는 것을 인도의 0.1%층은 주의 깊게 관찰했다.

그래서 인도 정부는 국내에서 추진하는 민영화 정책에 국민이 크게 반발했을 때, 미국의 성공사례를 적용했다. 생체인증과 개인정보를 일원화하는 '마이넘버 제도'를 도입해 경찰의 권한을 확대시킨 것이다. 그로 인해 토지매수에 저항하는 농민이나 정부정책에 반대하는 국민을 형벌의 대상으로 삼을 수 있게 됐고, 정부의 정책을 순조롭게 실행할 수 있었다.

국경을 초월한 다국적기업들의 목적은, 글로벌시장에서 인도계 기업의 존재감을 확대하고 식품안전보장과 경제성장을 실현시키겠다는 인도 정부의 의도와 일치했다.

인도 정부는 외자계 기업 유치를 위한 규제완화 정책을 적극적으로 실행했고, 미국 정부는 AKI에 근거해서 농업 확대에 대한 전면적인 협력을 약속했다. 인도 농업에 대한 대규모투자와 인프라 정비, 기술이전 같은 일련의 업무에 대한 지적재산권의 소유자는 말할 것도 없이 이라크의 경우와 마찬가지로 모두 미국계 애그리비즈니스였다.

인도는 농업에 한해서만은 개방이 늦었다고들 하는데, 실제로는 정부 간 협정인 AKI나 USAID의 후원으로 미국계 애그리비즈니스의 GM 종자가 착오 없이 인도를 잠식해가고 있다.

2012년 8월, 인도 하원 농업위원회는 2년에 걸친 조사자료를 공표하고, GM 종자가 농가의 주권을 상실케 한다는 것과, 수확량이 반드시 증가하는 것은 아니라는 사실을 지적했다. 그러면서 외국의 애그리비즈니스가 개입하지 않는 중립적인 안전성 심사와 GM

라벨표시의무화, GM 농산물의 시험재배 금지 등을 요구하는 요
청을 만장일치로 채택했다.

인도 국내에서는 현재 GM 종자로부터 탈피를 요구하는 목소리
와, GM 종자를 더욱 활성화해야 한다는 목소리가 첨예하게 맞서
고 있다.

하지만 이 문제의 본질은 Bt면의 유효성 시비보다 GM 종자 특
허를 둘러싼 계약이 초래하는 의존관계에 있다고 보인다.

2001년 12월 GM 종자기업의 사업기회를 대폭 확대시킨 것은
미국의 최고재판소가 낸 판결이다. 식물을 비롯한 '생명체 특허'를
인정한 이 판결은 GM 종자기업이 세계 곳곳까지 시장을 개척할
수 있도록 해준 중요한 패스포트가 되었다. 이라크의 경우에도 그
랬듯, 인도 농가의 주권을 빼앗고 인도를 미국계 애그리비즈니스
의 수출용 생산지로 만들 때 중대한 역할을 해낸 것은 다국적기업
의 세계시장 확대에서 가장 강력한 무기가 된 '지적재산권'이었다.

수출용 GM 대두 농지로 탈바꿈한 아르헨티나

GM 종자의 안전성 논의가 평행선을 그리는 가운데, GM 종자기업은 처음에는 자국인 미국을, 뒤이어서는 타국의 농업을 차례차례 수출용 거대산업으로 바꿔나갔다. 이 프로세스는 몬산토를 비롯한 애그리비즈니스에게 항상 유리하게 전개되고 있다. 농지가 집약되고 국민의 식료품 안전을 보장해주던 전통적인 농업은 수출용 대규모 단일재배로 바뀌게 되고, 종자기업과 의존관계 안에서 통제력을 잃은 농민들이 경제적으로 궁지에 몰리게 되는 패턴이다.

"세계의 곡물창고"라고 불리던 농업대국에서, GM 종자를 도입한 지 고작 10년 만에 세계 제2의 GM 농산물 수출국으로 탈바꿈한 아르헨티나도 그 대표적인 사례라고 할 것이다.

대량살상무기의 존재를 들먹이며 독재자를 배제한 이후 미국식 민주주의를 전수하겠다던 이라크의 경우와 달리, 아르헨티나에 GM 종자를 도입하는 데 일익을 담당한 것은 IMF(국제통화기금)였다.

1980년대 초까지 아르헨티나는 대부분 소규모 가족경영 농가로 구성된 다양성과 생산성이 높은 풍요로운 농업문화를 자랑하는 나라였다. 그런데 1970년대 석유위기 당시 늘어난 달러표시 채권의 금리가 1970년대 말 4배까지 인상된 뒤부터 아르헨티나는 전락하기 시작했다.

마침 그 무렵 미국의 대기업 애그리비즈니스는 급격히 증가하는 공업식 농장의 가축용 사료로 GM 대두를 공급했는데, 그 수요를 충당하기 위한 대규모 생산지를 급하게 찾고 있는 실정이었다.

채무초과로 힘겨워하는 아르헨티나는 더할 나위 없는 먹잇감이었다. IMF가 긴급융자를 해주면서 교환조건으로 요구한 국내 민영화와 규제완화로 인해 농지가 싼값에 경매로 나와 있었기 때문이다.

다국적기업과 해외투자가는 무엇보다 먼저 아르헨티나의 싼 토

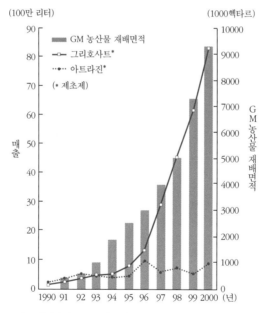

아르헨티나의 GM 농산물 재배면적과 제초제 매출량의 추이
(자료 : Trigo et al 2002, agbioforum.org)

지를 사들인 다음, 거액의 대가를 돌려줄 사업으로 몬산토의 GM 대두 재배를 선택했다. 1996년 아르헨티나 정부가 GM 대두를 인가하자, 해외투자가와 애그리비즈니스에 의한 수출용 GM 대두의 대량생산 프로젝트가 개시되었다.

가능한 한 단기간에 원금을 회수하고 싶은 투자가들에게 무엇보다 중요한 것은 속도와 효율이다. 그들은 먼저 지역의 대지주들을 매수해 영세농가를 쫓아내게 하고, 방목되고 있던 소들을 공업식 콘크리트 농장에 가둠으로써 GM 대두를 재배하기 위한 토지를 확보했다. 그리고 인도에서처럼 농약 사용량 저하와 고수입을 장담하면서 중소기업에 접근한 뒤 교묘하게 재래종에서 GM 대두로 전환하도록 유도했다.

그 결과 중소기업은 인도의 빈농과 똑같은 전철을 밟으며 특허사용료와 기존보다 2배 이상 드는 농약 대금 지불에 쪼들리게 되었다. 그들이 포기하는 토지를 대지주들이 매수함으로써 농지의 과점화가 진행되었다. 미국의 경우와 마찬가지로, 거대화될수록 지역에서 지배력이 강해지고 토지의 매수도 더 효율적으로 이루어졌다.

그렇게 해서 1996년 아르헨티나 국내에서 1만 헥타르였던 대두밭이 겨우 4년 만에 1,000배인 1,000만 헥타르로 확대되었다. GM 밀이나 GM 면과는 달리 GM 대두는 특수기계가 인간을 대신하기 때문에 노동력이 거의 필요하지 않다. 덕분에 수십만 명의 농민이 실업자로 전락했다. 단일재배로 인한 토양의 열악화로 농약 사용량은 해를 거듭할수록 증가했고, 그 때문에 주변의 전통적 농업은 막대한 피해를 입었다. GM 대두와 세트로 판매되는 그리호사트 제초제는 너무 강력한 탓에 그에 내성을 가진 GM 대두 이외의 식물을 전멸시키고 말았다.

자국의 농업이 외국기업을 위한 거대 수출산업으로 탈바꿈하자, 미국을 비롯해 이라크나 인도가 그런 것처럼 아르헨티나 농민들 역시 주권을 잃고 고향을 떠나 기아에 허덕이게 되었다.

그런데 아르헨티나의 경우에는 몬산토와 투자가들을 곤란하게 만드는 복병이 하나 있었다. 그것은 아르헨티나 정부가 지적재산권을 둘러싼 로열티를 법적으로 인정하지 않은 것이다.

하지만 몬산토는 포기하지 않았다. 몬산토는 아르헨티나 정부에게 로열티를 요구하며, 그게 싫으면 GM 종자의 국내 판매를 중지하라고 선포했다. 정곡을 찔린 아르헨티나 정부는 어쩔 수 없이 GM 종자의 지적재산권을 승인하고 농민들 어깨에 비싼 로열티라는 무거운 짐을 새롭게 지워야 했다.

아이티의 피해지 부흥을
GM 종자로 지원하다

GM 시장을 세계로 확대시키는 여러 가지 패턴 중 미국 국민과 국제여론을 아군으로 끌어들인 아이티의 경우는 가장 순조롭게 성공한 사례 중 하나일 것이다.

2010년 1월 12일, 중남미의 아이티를 엄습한 진도 7.0의 지진은 31만 6,000명의 사망자를 내고 지역 일대에 괴멸적인 피해를 남겼다.

몬산토는 민첩했다. 사고 직후 주(駐)아이티 미국대사관의 후원을 등에 업고, 이재민이 된 아이티 농민들에게 USAID를 통해 긴급지원물자를 제공하기로 약속했다. 내용은 옥수수를 비롯한 GM 종자 475톤과 비료, 라운드업 제초제로 구성된 3종 세트였다.

미국의 민간 싱크탱크 '정책연구소'의 연구원이며 《아이티 여성의 반란》의 저자이기도 한 비버리 벨은 이 재해지원은 아이티 농민들에게 트로이의 목마나 다름없었다고 지적한다.

"애당초 엠마뉴엘 프로피트 농무장관이 USAID의 WINNER 프로젝트로부터 긴급지원물자를 받아들이기로 한 것 자체가 아이티에서는 국내법 위반이었습니다. 아이티의 재래종에는 없는 콩과 채소의 종자를 국내에 들여오는 것은 농업과 생물다양성을 보호하는 법률에 어긋나는 일이니까요. 교배종을 재배하기 위해서는 다량의 물과 질 좋은 토양이 필요하고, 잡종의 옥수수 자체는 아이티 토양과 맞지도 않아요. 아이티 정부의 허가목록에 미국제 GM 종자는 들어 있지도 않았습니다. 그에 대해 추궁하자 장관은 이렇게 말했습니다. '아이티는 지금 지진으로 인한 비상사태에 처해 있어, 외부 종자가 도입될 때 검역 작업을 할 수 있는 상태가 아닙니다.'"

"UN에선 아무 개입도 하지 않았나요?"

"아이티의 시민단체가 FAO에 GM 종자의 입국을 막아달라고 요청했지만, FAO가 아이티 정부에게 할 수 있는 것은 어디까지나 권고일 뿐 강제는 할 수 없다고 했답니다."

미국 내에서는 '지진으로 당장 재배할 종자마저 잃어버린 아이티 농민들이 USAID가 보낸 긴급지원물자로 구제되었다'는 미담을 발표했다.

"USAID의 아이티 긴급지원 프로그램에는 미국 국민이 낸 세금 중 4년 동안 1억 4,000만 달러의 예산이 할애되었습니다. 미국 국민은 자신들의 세금이 불행에 처한 아이티 이재민들의 부흥지원을 위해 쓰였다고 좋아했을지 모르지만, 그때 피해지에서 어떤 일이 벌어지고 있었는지를 알면 엄청난 충격을 받을 겁니다."

비버리 벨의 말은 옳았다. 아이티 농민은 재배용 종자를 잃어버린 적이 없었기 때문이다.

아이티 농민의 대다수는 보존해둔 자신들의 종자를 심었는데,

개중에 별 생각 없이 USAID가 배포해준 GM 종자를 심은 사람도 있었다.

긴급지원물자라는 종합선물세트 안에 들어 있던 GM 종자는 대부분의 아이티 농민에게 경계심보다는 감사의 마음을 일으켰다. USAID는 보조금을 아끼지 않고 GM 종자를 사용한 농민에게 이듬해 사용할 종자까지 모두 무상으로 분배해준 것이다. 농민들은 모두 기쁜 마음으로 GM 종자를 계속 사용했다.

USAID가 아이티 농민에게 제공한 GM 종자에는 미국 내에서 EPA가 사용을 금지하고 있는 지람이나 맥심, 만제브 등의 농약이 도포되어 있었지만, 그에 대한 설명서나 방호복 착용 등에 관한 설명은 일절 없었다. 비버리 벨은 WINNER 프로젝트의 직원에게 직접 설명을 요구했지만, 그들은 프로젝트 내용에 대해서는 외부에 절대로 말하지 않겠다는 계약서에 의무적으로 서명했다며 입을 다물었다.

"USAID는 이 GM 종자가 재해지역과 농민에게 보내는 미국 국민의 선의라고 여러 차례 강조했습니다. 하지만 만일 그렇다면 왜 이런 프로젝트의 내용이 베일에 싸여 있어야 할까요? 왜 위험천만한 약제가 뿌려진 GM 종자에 대해 아이티 농민에겐 한마디 설명도 없는 것일까요? 긴급지원 프로그램 기한이 끝나면 농민들은 종자를 사지 않으면 안되게 되겠죠. WINNER 프로젝트의 홈페이지에 이렇게 적혀 있거든요. '이 프로젝트의 목적은 새로운 기술, 새로운 종자와 비료, 농약으로 아이티 농가의 생산성을 향상시키고, 5년 이내에 수익을 배로 증가시키는 것이다.'"

지금처럼 아이티 농민이 자국 정부와 미국대사관이 지원해주는 대로 GM 종자를 계속 사용한다면, 아이티 국내의 농지도 머지않아 GM 종자로 뒤덮이게 될 것이다.

개발도상국을 목표물로 삼은 것은 비단 몬산토만이 아니었다.

아이티에서 '인도적 지원'을 기치로 내걸고 실시된 것처럼, 세계 최대의 곡물기업인 카길 역시 같은 수법을 쓰고 있다고 비버리 벨은 지적한다.

"여기저기 개발도상국을 상대로 통상보다 훨씬 많은 결실을 거둘 수 있다고 선전하며 GM 종자와 화학비료, 농약의 3종 세트를 제공하고 있어요. 대두재배는 다량의 물을 필요로 하는데, 빈민국 개발지원이라는 이유만 내세우면 카길은 언제든지 3종 종합선물세트를 보낼 수 있습니다. 그리고 나면 나머지는 열정적인 국제기구나 해외 NGO가 직접 우물을 파고 농사짓는 방법을 가르치기 위해 현지로 달려가주니까요."

"그들은 GM 종자에 대해 제대로 알고 가르치는 걸까요?"

"모르겠죠, 아마. 하지만 기업이 UN이나 USAID의 개발지원 프로젝트의 일환으로 GM 종자를 내놓으면, 순수한 정의감에 불타는 젊은이들은 그것이 개발도상국의 미래에 뜻 깊은 일이라고 믿고 기꺼이 현지로 달려갑니다. 세상에는 GM 종자에 대해 아직 모르는 사람들이 훨씬 많고, UN이 주도한다고 하면 역시 신뢰성이 있으니까요."

마침내 NGO가 철수하면 남겨진 현지 농민들은 종자·비료·농약 3종 세트의 대금과 GM 종자의 로열티를 매년 카길에 지불하게 된다고 한다.

인도의 경우와 마찬가지로 GM 대두의 생산량은 증가하고 농민들의 기쁨은 이만저만이 아니었다. 하지만 그것은 처음 몇 년뿐이고, 그 뒤로는 GM 종자에 맞춰 진화하면서 내성을 갖게 된 해충이나 잡초를 제거하기 위해 다량의 농약을 사용하지 않으면 안되게 된다. GM 대두와 세트로 판매되는 농약은 유럽 등의 선진국에서는 건강에 미치는 악영향으로 인해 금지되어 있는 것들이다. 또한 대두 단일재배를 위해 지하수가 다량으로 사용되는데, 이는 머지 않아 우물을 고갈시키고 말 것이다. 결국 개발도상국 농민들은 빚뿐만 아니라 물 부족으로도 고생을 면치 못하게 된다.

"GM 종자와 세트로 판매되는 독성이 강한 농약은 이후 세계적으로 심각한 문제가 될 겁니다. 무엇보다 정확히 알려져야 하는 것들이 요 몇십년 동안 줄곧 숨겨져왔어요. 우리는 더 많은 걸 알고 널리 알려야 합니다. 세계 각국에서 벌어지고 있는 일들의 공통점을. 그리고 우리의 선의가 약한 사람들을 고통으로 몰아넣고 소수의 강자를 살찌우는 데 이용되지 않도록 말입니다."

미국은 최강의
외교용 무기를 손에 넣었다

1980년대 말, 재생산이 안되는 GM 종자가 개발되었다. '터미네이터 종자'가 그것이다.

터미네이터 유전자가 투입된 종자는 발아한 시점에 이미 말라 죽고 만다. 특허사용료 지불에서 벗어나기 위해 농가가 몰래 종자를 보존한다고 해도, 결국 열매를 맺지 못하기 때문에 두 번 다시 사용할 수 없다. 그래서 터미네이터 종자를 한 번이라도 사용한 농가는 자동적으로 몬산토와 의존관계에 얽매이게 되는 구조가 탄생한다.

세계에서 GM 종자 확대도 가속을 더하고 있다. 처음 상품화된 1996년에 170만 헥타르였던 재배면적은 2012년에는 1억 7,000만 헥타르에 달해, 기존보다 100배 증가를 기록했다.

각국의 농민들은 매년 몬산토를 비롯해 세계 4대 다국적 애그리비즈니스로부터 종자를 사는 것 외에 달리 선택의 여지가 없다. 옥수수와 쌀, 대두와 밀 등 인류에게 필요한 주요 작물을 고작 4개의 다국적기업이 장악하고 있는 것이다.

터미네이터 종자의 특허 성립은 세계의 권력 균형을 크게 흔들어놓게 될 것이다. 종자를 구하지 못하면 그 나라의 식량자급률은 제로가 될 테니 말이다. 애그리비즈니스와 함께 이 정책을 추진해 온 미국 정부 역시 세계 최강의 군사력과 더불어 외교교섭에서 강력한 무기를 손에 넣은 셈이다.

얼 바츠 전 농무장관은 외교에서 식량의 중요성에 대해 이렇게 말한다.

"식량은 미국이 가진 외교상의 강력한 수단입니다. 특히 식량을 자급하지 못하는 나라에 유효하게 작용할 겁니다. 위협을 주고 싶을 때는 그저 곡물수출을 금지하기만 하면 되니까요."

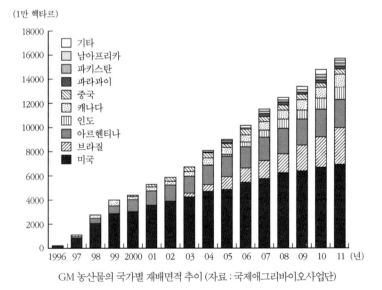

GM 농산물의 국가별 재배면적 추이 (자료 : 국제애그리바이오사업단)

다른 나라의 식품까지 지배하는
NAFTA, FTA, TPP

1970년대 말부터 다수의 미국 정부 고관과 기업들이 내세운 "식량은 무기"라는 주장은 그동안 한 번도 흔들린 적이 없었다. 식량 공급의 기업 소유를 국내에서 완성시킨 후에는 '민주주의', '강한 농업', '재정 재건', '인도적 지원' 등을 이유로 여러 외국으로 진출하고, 그곳에서 집약된 넓은 농지에서 수출용 GM 농산물의 대규모 단일재배를 추진했다.

그렇게 현지의 소규모 농민을 쫓아낸 뒤에는 '주식회사 아메리카'가 활동을 개시한다. 인도나 이라크, 아르헨티나, 브라질, 호주 등에서 그들의 위세는 그칠 줄 몰랐다. 몬산토를 비롯한 소수의 미국계 다국적 바이오기업들이 세계의 종자 대부분을 장악하자, 이번에는 지금까지보다 훨씬 강력하게 세계시장 확대의 걸림돌이 되는 장벽을 제거할 필요가 생겼다.

그것을 실시하기 위한 방법론 중 하나가 국가 간의 자유무역조약이다.

'자유무역'이라는 발상 자체가 다국적기업과 법치국가의 역학관계를 역전시킬 성질을 가지고 있다. 다국적기업의 목적은 주주들의 이익이지 그것을 생산하는 지역이나 그곳에 사는 사람들에 대한 책임은 아니기 때문이다. 그렇기 때문에 대부분의 경우 승자는 다국적기업이고 노동자는 패자가 된다.

1993년 미국이 캐나다, 멕시코와 맺은 NAFTA는 투자가와 기업들을 비롯한 1%층에게는 또 하나의 성공사례였을 것이다.

NAFTA로 인해 멕시코에는 대량의 GM 종자가 썰물처럼 밀려들었다. 바이오 종자기업은 예로부터 내려온 멕시코 재래종 옥수수나 콩류의 유전자를 일부 변형한 후 상품화했다. 그렇게 만든 신제품으로 특허를 취득하고 차츰 시장을 독점해나갔다. WTO가 정한 '무역 관련 지적재산권 협정'(TRIPs)으로 인해 한번 특허권을 인정받으면 그 종자는 특허를 받은 기업만이 판매할 수 있게 된다.

그 후 멕시코 국민은 조상 대대로 물려받은 마조코바 콩 같은 작물을 재배하기 위해서는 GM기업에 특허사용료를 지불하거나 매년 그 종자를 구입하지 않으면 안되게 되었다. 단기간에 합법적 또는 효과적인 결과를 낸 이 수법이 훗날 이라크에서 CPA에 의한 GM 종자 도입 작전에도 사용된다.

자유무역으로 인해 과도해진 자유화가 위협하는 것 중 가장 큰 문제는 그 나라의 식량자급률이다. 캐나다의 문화인류학자인 엘리자베스 피팅은 NAFTA가 멕시코를 식량 자급국가에서 기아국가로 전락시켰다고 비판한다. 미국에서 대량으로 들여온 정부보조금 지원의 저렴한 옥수수에 도저히 상대할 수 없게 된 300만 가구에 이르는 멕시코의 영세농가가 줄줄이 무너졌기 때문이다.

그때까지 멕시코에서는 소규모 농가가 각자 옥수수를 키우고 있었는데, NAFTA 이후에는 전체 식량의 40%를 수입에 의존할 수밖에 없게 되었다. 소비자가격을 내리기 위한 멕시코 정부의 보조금 제도 역시 해외투자가에게 불평등한 국내법이라는 이유로 즉시 폐지된다. 그 결과 멕시코 국민은 주식(主食)을 살 수 없게 되었고, 2000년에는 역사상 최초로 기아폭동이 발생했다.

캐나다에서는 자유화로 인해 외국자본에게 개방된 농업에 기업이 줄지어 참여하고, 토지를 매입한 대규모 애그리비즈니스가 수출용 GM 곡물의 단일재배를 개시했다. NAFTA 이후 캐나다에서는 농업의 생산량과 수출량이 증가했다. 그러나 그것은 미국 내와 마찬가지로 이익은 대부분 주주의 주머니를 채울 뿐, 말단의 생산자인 계약노동자는 NAFTA 이전보다도 수입이 크게 줄었다.

2012년 3월에 시행된 한미 FTA는 미국 정부가 교섭 개시의 전 단계로 '식품', 'GM 농산물', '제약' 등 NAFTA에서 가장 중요시된 세 항목에 관한 사전조건을 한국 측에 통보했다. 시행 이후의 절차를 간략화하기 위해서였다.

① 미국에서 과학적 안전성을 인정받은 GM 식품은 무조건 수용한다.
② 한국의 국민의료보험이 적용되지 않는 주식회사경영의 병원 참여를 인정한다.
③ 미국산 쇠고기의 수입조건을 완화한다.

안전심사 완화는 물론, 세계 각국이 규제를 걸어두고 있는 미국산 쇠고기의 수출장벽을 없애기 위해 한미 FTA에서는 안전성에 의문이 있을 때는 수입국 측에 위험성 입증 책임이 부과되도록 했다. 결국 광우병 검사 실시율이 0.1%에 불과하고, 수출 전에 위험부위를 제거하지도 않은 미국산 쇠고기가 아무런 규제 없이 한국시장을 점유하게 되었다.

한미 FTA는 미국식육협회를 안심시켰다. 과학적으로 그 위험성을 입증하지 않는 한 한국 측으로부터 수입을 거부당하는 일은 없을 것이기 때문이다.

GM 농산물에 관해서도 사전의 안전성 검사는 개발기업이 제출하는 자기신고 자료의 서류심사로만 이루어지고, 표시의무도 철폐되었다. 한미 FTA에서는 한국 측이 GM 농산물에 관한 규제를 사실상 포기한 것이나 마찬가지다.

투자가의 권리는 FTA 중 ISD(투자자-국가소송제)라고 불리는 조항이 보호해준다. 이것은 가령 한국에 투자한 미국의 투자가나 기업이 한국 국내의 정책에 의해 경제적으로 손해를 입었거나 그러한 우려가 있을 때, 세계은행 산하의 국제투자분쟁해결센터에 제소할 수 있다는 내용이다. 세계은행은 미국의 지배력이 가장 강하고, 재판은 밀실에서 실시되며, 상소는 불가하다. 그리고 판결의 기준은 공익이 아니라 '투자가에게 불이익이 있었는지 없었는지'에 있다.

미국의 거대 식육체인이나 애그리비즈니스 기업들에게 가장 큰 한국시장은 학교 급식이다. 한국은 지방자치단체가 지역에서 생산된 재료로 급식을 제공하고 있지만, 그것은 앞으로 ISD 조항이 장벽으로 작용하는 국내법을 제거해줄 것이기 때문에 문제없이 참여할 수 있을 것이다.

국내법을 합법적으로 배제시킨 자유무역조약은 다국적기업이나 투자가에게는 더할 수 없이 편리하다. 가장 불편하고 효율이 나쁜 것은 거액의 비용이 드는 재판인데, 그러한 재판을 없애기 위해 그들은 미국에서 정치나 매스컴을 조정해 걸림돌이 되는 법을 끊임없이 개정하게 만들고, 그렇게 해서 최소한의 리스크로 최대의 이익을 올릴 수 있는 환경을 수십년에 걸쳐 꾸준히 만들어왔다.

그런 점에서 국내법은 체결에 이르기까지 시간이 걸리지만 일단 체결이 되고 나면 광범위하게 법 개정이 이루어질 수 있다는 이점이 있다.

한미 FTA 체결 후 한국 국내에서 무서운 기세로 진행된 양극화 확대는 NAFTA 때와 다르지 않았다. 투자가나 다국적기업, 은행 등을 포함한 상위 1%의 자산은 상승하고, 그 외 99%는 삶은 더욱 어려워졌다. 요컨대 자유무역조약에서 자유란 '1%를 위한 자유'를 뜻하는 것이다.

유럽의 제약기업도 그에 못지않다.

2007년 6월부터 계속되고 있는 EU와 인도 간의 FTA 협상에서 EU 경제계는 인도에 협정조인 압력을 강화하고 있다.

EU의 바이오테크놀로지 기업은 인도 국내에서 판매하는 GM 종자의 가격자유화를 요구하고 있는데, 인도 농민은 대부분 이미

FTA에 반대하는 인도 여성
(자료 : Corporate Europe
Observatory)

GM 면 때문에 빚더미에 올라앉았거나 그로 인한 자살자가 급증하고 있는 실정이다. 이 이상 GM 종자를 고가로 판매했다가는 국내 농업이 완전히 괴멸하고 말 것이라며 인도 국내의 농업관계자들은 입을 모아 반대하고 있다.

또한 충분한 자급률을 가진 인도의 낙농시장에 생산과잉의 저렴한 EU 유제품이 관세 없이 들어온다면, NAFTA의 옥수수와 같은 비극이 발생할 것이다. 저소득층 여성을 중심으로 한 9,000만 명의 생활을 지탱하는 국내 낙농산업이 파산할 것이기 때문이다.

지적재산권이 기업에게 베푸는 은혜는 식품만이 아니다. 제네릭(Generic, 특허 만료의 복제 약품) 의약품의 생산 대국인 인도에게 EU의 제약회사가 특허권을 주장하면, 개발도상국에 수출되는 의약품 공급에 브레이크가 걸릴 것이다.

바라티농민조합의 야도빌 신은 이러한 국제조약은 국내 산업을 망하게 하고 극소수의 외국기업과 투자가만을 배불리는 불평등한 조약이라고 비판한다.

"정부는 이 FTA로 인해 인도경제가 크게 성장하고 많은 혜택을 얻게 될 거라고 말하지만, 제 눈엔 장점이라곤 도무지 보이지 않습니다. 대체 경제성장의 혜택을 보는 것이 어느 나라의 누구랍니까?"

뉴델리의 저널리스트 콜린 토드헌터도 FTA 교섭에 관한 인도

'EU-인도 FTA'에 반대하는 아이들 (자료 : doctorswithoutborders.org)

정부의 태도에 대해 회의적인 견해를 가진 사람 중 한 명이다.

"인도 정부는 국내의 반대세력에게 '제네릭 의약품이나 낙농, 종자나 소매는 절대 지키겠다'고 약속하고 있지만, 국민들은 대부분 그 약속을 믿지 않습니다. 소수의 대부호층에 의해 움직이는 인도 정부는 1990년대 이후 줄곧 규제완화와 민영화로 몰아가고 있어요. 1%층과 이해관계가 딱 들어맞거든요."

인도라는 나라의 주권뿐만 아니라 개발도상국의 환자 수백만 명의 생사까지 좌우하는 이 FTA 역시, 현재 세계에서 동시에 진행되고 있는 급류 중 하나다.

EU의 GM 규제는
무너질 수 있다

  기업의 자유무역 활동을 보호하기 위해서는 강제성이 없는 WTO 협정만으로는 충분하지 않다. 예컨대 GM 식품에 대한 수입 규제 조치를 계속하고 있는 EU는 GM 개발기업에게는 크나큰 장애물이었다. EU는 이 문제로 WTO의 국제재판소에 기소되어 패소했는데, 앞으로도 계속 다른 이유를 들어 보류를 진행할 것이다.

  2013년 2월 오바마 대통령이 일반교서 연설 중에 발표한 'EU-미국 FTA'는 GM 종자에 관해 EU와 미국 사이에 존재하는 수입장벽을 제거하는 것을 비롯해, 더욱 빠르고 광범위하게 자유화를 추진하기 위한 새로운 시도로 등장했다.

  2013년 6월에 개시해 늦어도 2년 이내 체결을 목표로 하는 이 교섭은, 미국에서 TPP를 강력하게 추진하는 USTR이나 유럽위원회, EU 내의 다국적기업과 투자가들에게 대대적으로 주목을 받고 있다. GDP로는 세계의 절반, 양국 간 무역량으로는 세계의 3분의 1을 차지하는 양국의 FTA 체결은, 만일 실현된다면 사상 최대의 단일자유무역권을 형성할 것이기 때문이다.

  내용은 TPP와 크게 다르지 않다. 투자, 관세, 비관세장벽, 지적재산권, 서비스, 사법, 환경, 노동, 건강 분야에서 규제철폐가 포함된다. EU 측은 미국의 금융 규제완화를 요구할 것이고, 미국 측은 GM 종자를 비롯해 EU의 엄격한 식품안전 기준과 식품성분 표시 의무의 철폐를 요구할 것이다.

한편 이 조약에 반대하는 국민의 목소리도 적지 않다. 독일의 엠마 바르텐은 이 조약을 두고 이전 EU에서 부결된 ACTA(위조품거래 방지에 관한 협정)의 판박이라고 지적한다.

"ACTA는 정의가 너무 광범위한 '지적재산권 보호 조항'이나 인터넷 규제, 언론 통제로 이어질 위험에 위기감을 느낀 사람들이 맹렬하게 반대해서 EU 의회에서 부결되었습니다. 그런데 그 직후 제시된 EU와 캐나다 간의 CETA(포괄적 경제무역협정) 안에 ACTA에서 묵살된 지적재산권 보호 조항이 보란 듯이 들어가 있는 겁니다. 그들은 포기할 생각이 애당초 없었습니다. EU가 지금까지 굳건하게 지켜온 엄격한 식품규제의 철폐와 GM 종자의 유입을 호시탐탐 노리고 있는 겁니다."

지적재산권 강화가 실시되면, NAFTA의 경우와 비슷한 패턴으로 EU 국내로 GM 종자를 들여와 특허를 앞세워서 그 비율을 늘려갈 수 있게 된다.

하지만 ACTA 조항은 위키리크스 문서에 의해 폭로되고, 양국 내에서 다시 반대가 확산되어 CETA는 최종단계에서 암초에 걸리고 말았다.

답보 상태의 CETA를 추월하듯 뒤이어 속도를 높인 것이 교섭

중이던 11개 국에 일본까지 참가하기로 한 TPP였다.

TPP는 지금 세계에서 동시다발적으로 진행되고 있는 사람, 물건, 돈, 정보 등 모든 것의 국경을 초월한 유동화를 지향하는 글로벌라이제이션의 집대성이라고 할 수 있다.

그것이 실현되면 각각의 국가가 갖는 규제나 독자적 경제정책 능력 같은 주권이 제한되고, 투자가와 다국적기업은 완전히 법치국가를 뛰어넘는 강력한 힘을 갖게 될 것이다.

그럴 경우 미국의 주권 역시 규제대상에 포함된다. TPP는 1,000페이지에 달하는 세부적인 전용규정에 미국 각 주의 주법(州法)을 합치시킬 것을 강요하기 때문이다. 이를 따르지 않는 주에 제재를 가할 수 있는 권한은 미국 정부가 쥐고 있다.

소비자운동가이며 전 대통령 후보자의 변호사였던 랄프 네이더는 이런 일련의 움직임에 대해 이렇게 말한다.

"기업들은 규제란 규제는 모조리 철폐시키고 이윽고 최종단계로 향하고 있습니다. TPP가 좌절되더라도 금방 또 다른 이름의 것을 들고 나올 겁니다. 그 본질을 알고 싶다면 과거 30년 동안 미국 내에서 기업들이 정치를 선동해 만들어온 이 이상한 비즈니스모델을 보면 됩니다."

제4장

분할판매되는 공공서비스

"교육을 팔지 마세요!"
(자료 : 오리건의 한 공립고등학교, 2013년)

"미국 최고의 위험도시에 어서 오세요!"

2012년 10월. 메이저리그 시합이 한창이던 미시간 주 디트로이트 시의 타이거즈 구장 입구에서 이런 전단지가 배포되었다.

> **주의! 디트로이트에는 자기책임하에 들어오세요.**
>
> • 디트로이트는 미국 제일의 폭력도시입니다.
>
> • 디트로이트는 미국에서 살인 건수가 제일 많은 곳입니다.
>
> • 디트로이트 시경(市警)은 인력부족입니다.
>
> • 인력부족으로 12시간 교대로 일하고… 경찰은 피로에 지치고 고달픕니다.
>
> • 디트로이트 시경의 임금은 미국 최저인데, 시는 거기에서 10%를 더 절감하려고 합니다.

배포하는 사람들은 디트로이트 시의 현역 경찰들이었다.

디트로이트는 2000년부터 2010년에 이르는 동안 주민의 4분의 1이 교외 혹은 다른 주로 도망쳐버린 도시다. 재정파탄에 의한 세출 삭감으로, 범죄율이 증가하고 있음에도 불구하고 시는 공공부문을 폐쇄해서 학교나 소방서, 경찰 등의 서비스를 연이어 중단시켰다.

디트로이트 시 입구의 간판
"디트로이트에는 자기책임하에 들어오세요"

이런 현상은 미시간 주뿐만 아니라 미국 전역의 지자체에서 일어나고 있다. 2010년 7월에는 역시 재정난에 허덕이던 오리건 주의 지자체가 유지비 부족을 이유로 교도소를 폐쇄했다. 그 바람에 이미 경찰들이 대거 해고된 도시에 아직 형기를 마치지 않은 죄수들이 활보하게 되었고, 그에 대한 공포 때문에 주 밖으로 도망치듯 이주하는 주민들이 급증했다.

"디트로이트는 2년 전인 2010년 말부터 시의 직원들을 대거 해고하기 시작했습니다. 그때 해고된 사람이 1,000명에 달합니다."

디트로이트에서 인근의 오하이오 주 클리블랜드로 부모님을 모시고 아내와 함께 이주한, 한때 시 직원이던 41세의 자말 존슨은 이렇게 말한다.

"원래도 치안이 나쁜 도시였지만, 2000년 중반부터 더 심해졌어요. 제너럴모터스의 파산이 결정적이었죠. 공공서비스고 뭐고 없는 거나 마찬가지입니다. 매일 어디선가 강도사건이 발생하기 때문에 총을 항상 휴대하고 다녔어요. 경찰은 아무 도움이 안돼요. 강도를 만나 신고를 해도 경찰은 하루이틀이 지나야 오거든요."

자말은 운이 좋았다. 클리블랜드에 살고 있는 친구의 소개로 지금은 택시 운전사로 일하고 있다고 한다.

"옛날에는 미국에서도 손꼽히는 아름다운 도시였습니다. 아버지는 지금도 그때 일을 곧잘 말씀하세요."

자말의 말처럼 디트로이트도 한때는 아름답게 빛나던 도시였다. 빅3(제너럴모터스, 크라이슬러, 포드)라고 불리는 자동차산업의 중심지로, 1950년대에는 아메리칸드림의 상징이었다.

지금 디트로이트 중심부에는 인기가 땅에 떨어진 자동차 관련 공장이나 학교, 영화관, 오피스텔 등이 방치된 채 폐허가 되어 있다. 약 7만 9,000채에 달하는 무인주택들이 방치되어 있고 잡초가 무성하게 자라 마치 정글 같다. 전성기에 185만 명이던 인구도, 공장이 해외로 이전하거나 자말처럼 직장이나 안전을 찾아 도시를 떠나는 주민이 급증한 결과 지금은 71만 명으로 감소했다. 빈곤율과 흉악범죄 발생률은 미국 통틀어 1위, 실업률 50%.

그리고 왜 그런지 건수가 급상승하고 있는 화재에 대해 자말은 이렇게 설명한다.

"주택대출금도 못 갚고 직장까지 잃어 더이상 가족을 부양할 수 없게 된 사람들이 자택에 방화하는 사건이 끊이지 않습니다. 보험금이라도 받으려고 그러는 거지요."

2012년 5월, 디트로이트 시는 8만 8,000개인 가로등을 반으로 줄이는, 통칭 '고스트타운 계획'을 실시했다. 애당초 절반은 수리 비용조차 대지 못해 고장난 채 방치해둔 상태였는데, 점등 수를 줄임으로써 주민의 생활공간을 축소시킬 목적이었다. 그 결과 범

파산한 지자체는 유령도시가 된다.(상)
(자료 : 캘리포니아 주 스토크톤, 2013년)

"파산"
스토크톤 입구에 걸린 간판(좌)

죄율이 훨씬 더 증가하고 주민들의 이주도 속출했다.

실업확대와 산업유출이 시의 재정을 압박하자, 디트로이트 시는 대출에 대출을 거듭한 결과 장기채무가 세입의 10배인 140억 달러에 달했다.

2012년 7월에는 인구 30만인 도시, 캘리포니아 주 스토크톤의 재정 역시 거액의 채무를 끌어안은 채 파탄이 났다.

미국 지자체의 90%는 5년 이내에 파산할 운명

하지만 디트로이트나 스토크톤의 예는 지금의 미국에서는 빙산의 일각일 뿐이다.

2011년 1월, 공화당의 리처드 리오단 전 로스앤젤레스 시장은 텔레비전 인터뷰에서 이렇게 경고했다.

"이대로 가다간 미국 지자체의 90%가 5년 이내에 파산하게 될 겁니다."

리오단 전 시장은 지방행정의 가장 큰 문제는 노동조합이 지나치게 강력해진 것이라고 지적한다. 공무원의 복리후생과 노동조건의 장벽이 너무 높아서 수장이 재정문제에 손을 댈 수 없게 되었다는 것이다.

그런데 과연 그럴까?

"대부분의 지자체에서는 주의회 의원이 노동조합과 유착해 노사조건과 표를 교환해온 역사가 있습니다."

자말은 말한다.

"하지만 그보다 더 큰 문제는, 주가 파산하게 되는 다른 요인을 정부가 적극적으로 밀어줬다는 겁니다. 예를 들면 부시 정권이 도입한 아동낙오방지법(No Child Left Behind Act)으로 인해 각 주와 지자체, 학교들 간에 교육예산을 둘러싸고 시험점수를 경쟁하게 되었습니다. 디트로이트처럼 저소득층이 많은 지역의 교육을 주로 담당하는 곳은 공립학교인데, 국가로부터 어떠한 재정지원도 없이 갑자기 평균점수를 올리라고 하면 제한된 교사들의 의욕과 노력만으로 목표치를 달성하기란 쉽지 않습니다. 애당초 출발시점부터 경쟁조건이 불평등하니까요."

교육에 시장원리를 적용한 아동낙오방지법에서는 학생들의 점수가 오르지 않으면 국가예산이 나오지 않을 뿐 아니라 그 책임이 학교와 교사에게 돌아간다. 빈곤가정의 학생이 다수인 디트로이트의 공립학교에서는 평균점수가 웬만해서는 오르지 않으므로, 교사들은 줄줄이 해고되고 학교는 폐교되었다.

공립학교가 망하면 당장 차터스쿨(Charter School, 영리학교)이 세워진다. 은행가나 기업이 경영하는 차터스쿨은 7년이면 원금을 찾을 수 있다고 해서 투자가들에게 매력적인 상품이다. 다만 공적인 인프라가 아니라 어디까지나 교육비즈니스이기 때문에, 학생들 입장에서는 입학하는 데 문턱이 높다. 비싼 수업료를 낼 수 있을 만큼의 경제력과 일정 이상의 학력이 요구되기 때문이다.

그래서 디트로이트에서는 교육난민이 된 아이들이 길거리에 넘쳐난다. 또 실업자가 된 교사들은 주를 떠나거나 먹고살기가 힘들어 SNAP를 신청하거나 한다.

"교육의 시장화는 공교육을 파괴해 교육격차를 만들고, 미시간 주와 디트로이트의 재정부담을 더 확대시켰습니다. 가장 큰 수혜자는 교육비즈니스로 이익을 얻는 투자가와 대기업, 그리고 SNAP 확대로 매출이 증가한 대형슈퍼와 패스트푸드체인, SNAP 카드 수수료를 받는 대형은행뿐입니다."

지자체가 재정적자를 냈을 때 만회할 방법이 하나만 있는 것은 아닐 것이다. 그런데 지금 미국 각지에서 지자체의 긴급 선언이 나올 때마다 어느 곳을 막론하고 모두 한 방향만을 향해 가는 것이 과연 우연일까?

근무하던 공립고등학교가 폐교되었다는 자말의 아내 레베카는, 지금 미국 전역에서 공무원과 공교육이 타깃이 되어 있다고 지적한다.

"2012년 위스콘신 주에서 미국 사상 최대의 공무원 데모가 있었습니다. 대통령 선거 전에는 오바마 대통령의 선거구인 시카고에서 교사들이 모여 대규모 항의를 했습니다. 교사들은 재원을 핑계 삼아 정부가 공교육을 해체하려 한다는 사실에 심각한 위기감을 느끼고 있어요. 해체된 교육이 월스트리트의 투자가들에게 새로운 비즈니스 기회로 제시되고 있기 때문입니다."

교육비즈니스는 최근 10년 동안 가장 활발히 꽃을 피운 새로운 시장 중 하나다.

"허리케인 카트리나가 지나간 뒤의 뉴올리언스도 그랬죠?"

이렇게 묻자 레베카는 고개를 끄덕였다.

"네. 그때 사용한 대의명분이 '재정적자'가 아니라 '자연재해'였다는 것 말고는, 정부의 행태는 완전히 똑같았어요."

자연재해로 수몰된 뉴올리언스에서 피해지 부흥의 키워드는 '강한 마을을 만든다'였다. 정부는 "좀더 강하게, 국제사회에서 통용되는 인재를 키우기 위한 강한 교육을!"이라는 기치를 내걸고, 재해로 엉망진창이 된 피해지의 공립고등학교를 복구하는 대신 폐교시켰다. 그리고 그를 대신해 세워진 것은 대량의 차터스쿨이었다.

"2014년까지 뉴올리언스 학교의 75%가 차터스쿨로 바뀌게 됩니다. 재해를 빌미로 삼은 쇼크독트린이 뉴올리언스에서 성공을 거둔 셈입니다."

그리고 이번에는 '지자체 파산'을 이유로, 디트로이트가 다음 시장이 되기를 투자가들은 뜨거운 기대를 안고 기다리고 있다.

"하나둘 도시가 파산하고 폐허가 증가하고 있는 이곳 미시간에서조차 상위 1%층만은 순조롭게 수익을 늘려가고 있어요. 지금의 미국은 빈곤인구가 최대임과 동시에 기업의 수익률도 사상 최고입니다."

디트로이트를 비롯한 미국의 자동차산업 쇠퇴는 분명 대공황 이래 최악의 실업률과 범죄발생률을 초래했고, 국내에 기본생활조차 어려운 대량의 빈곤층을 형성했다.

하지만 레베카가 지적하듯 그것은 일부 상위층과는 전혀 무관한 이야기였다.

증가하는 것은
저임금 서비스업뿐

2009년의 빅3 구제는 신규 노동자의 임금삭감과 8시간이던 노동시간의 상한철폐, 공장에서 교대근무를 보다 가혹하게 만드는 개혁과 맞바꾼 것이었다. 그것으로 자동차업계의 재정은 회복되었고, 2012년에는 수익이 110억 달러를 넘어 임원들은 수백만 달러의 보너스를 받았다. 하지만 그것과는 반대로 노동자들의 임금은 대폭 하락했다. 그 때문에 대량으로 형성된 워킹푸어들이 SNAP

전 제너럴모터스 공장부지. 황량한 광경이 끝없이 펼쳐진다. (2013년)

수급자가 되어야 했고, 결국 SNAP 지급으로 주(州)의 재정이 더욱 압박을 받게 된 것이다.

"일이 전혀 없습니까?"

"조합이 없는 콜센터 같은 최저임금의 일들만 쇄도하고 있는 실정입니다. 주지사는 고용이 회복되고 있다고 말하지만, 증가하는 것은 노동조건이 열악하고 앞으로 좋아질 가능성이 전혀 없는 저임금 서비스업들뿐이에요. 이것은 전국적인 경향입니다. 2009년 6월 정부는 불경기가 끝난 것처럼 발표했는데, 그건 상위층의 극히 일부한테만 해당되는 얘기겠죠. 기업은 국내고용을 없애고 해외로 옮겨감으로써 세금과 인건비를 삭감했고, 그만큼 줄어든 노동자의 소득이 그들의 금융자산이 되었다는 의미입니다."

"미국 전역에서 이런 상황들이 계속되고 있다는 건가요?"

"그렇습니다. 뉴스에선 곧잘 실업률이 회복되었다고 말하는데, 그건 사실 기업이 일회용품처럼 쓰고 버리기 쉬운 저임금의 일자리가 늘었다는 의미입니다. 교육이나 사회보장, 의료비의 자기부담은 확대되고 있는데 임금은 줄기만 하죠. 어찌어찌 해서 콜센터 같은 일자리를 찾았다고 해도, 노동자는 그것으론 도저히 살아갈 수가 없습니다. 하지만 기업 입장에서 보면 국내에서 경영조건도 경기도 차츰 개선되고 있어요. 연방정부와 지자체가 보다 효율적으로 이익을 올릴 수 있는 환경을 만들어주기 위한 법 개정을 차근차근 실행하고 있으니까요."

공교육의 전면해체

　2011년 6월 23일, 미시간 주의회가 통과시킨 주법(州法) '비상사태관리법'에 반발한 주민들이 집단으로 소송을 제기했다. 전직 고교 교사인 마이크 앤더슨도 이 소송을 지원했다.

　비상사태관리법은 재정난에 허덕이는 지자체를 대신해, 선거가 아닌 주지사의 임명으로 선정된 '비상재정관리관'에게 재정 재건을 위한 지휘권을 부여하는 법률이다. 관리관은 채무를 줄이고 재무상태표를 조정할 목적으로 지자체의 자산매각, 노동조합과 맺은 노사계약 무효화, 공무원 해고, 공공서비스 민영화 등을 주민들의 의사는 일절 타진하지 않고 행사할 수 있는 권한을 갖는다.

　"재정위기를 이유로 공교육이 그 첫 번째 타깃이 되었습니다."

　재정이 악화된 미시간 주에는 2008년부터 주지사가 임명한 비상재정관리관이 12명 있었는데, 재정난은 물론이고 전국 일제 학력테스트 점수가 낮은 공립학교도 이때 '효율화 목록' 상위에 이름을 올려놓고 있었다.

　마이크가 살고 있는 머스키건 시는 미시간 주에서 공교육 전면해체를 실시하는 첫 번째 도시로 선정되었다.

"머스키건 시의 공립학교가 경영이 부진하긴 했어요. 원래가 저소득 지역인데다, 기업이 점차 주(州) 밖으로 빠져나가게 되자 주의 교육예산 재원이었던 재산세의 세수가 격감했고, 게다가 2002년 봄부터 국가가 실시한 아동낙오방지법이나 오바마 정권 들어 시작된 '주 대항 교육예산 획득 레이스'로 타격을 입었거든요."

"어떤 타격이었나요?"

"예산을 둘러싼 학력테스트의 점수경쟁에서 점수를 배당받은 교사는 과잉노동으로 심신이 병들고, 점수가 낮은 학생한테는 아예 시간을 투자하지 않게 되었습니다. 성적이 좋은 학생들만 상대하고 성적이 나쁜 학생은 버리고 가야지, 안 그러면 오히려 평균점수가 떨어지고 말거든요. 하지만 교육은 제조업하고는 다릅니다. 국가의 교육예산을 줄이고 경쟁이라는 시장원리를 도입하는 방식으로 평균점수를 올리겠다는 발상은 애당초 불가능한 얘기죠. 견

디트로이트 시에서 폐교된 한 공립학교의 낙서. "이제 더이상 숙제는 없다" (2013년)

국 그런 방식으로는 교육의 질이 떨어지기 때문에, 학교 평균점수도 떨어지고 퇴학생도 많아지는 악순환에 빠지고 만 겁니다. 바로 그때 닥친 것이 비상재정관리관이었습니다."

2012년 6월, 주의 요청으로 머스키건 시에 파견된 비상재정관리관 돈 위더스푼이 발령 직후 착수한 것은 비효율적인 경영으로 재정을 압박하는 공립학교를 해체하는 것이었다.

400만 달러의 적자와 1,200만 달러의 초과지출을 안고 있는 공립학교는 다른 지역에서도 합병을 기피할 것이다. 재무제표의 내용을 하나하나 검토하는 것마저도 시간낭비라고 판단한 위더스푼은 1,400명 학생을 포함한 학구 전체를 해체하고 민영화해서 차터스쿨로 전환할 것을 결정했다.

재정위기를 이유로 한 공교육 해체는 미시간 주 곳곳에서 이미 시작되었다. 2011년 4월 디트로이트에서 비상재정관리관 로버트 밥은, 시내의 교육을 책임지고 있던 공립학교 '캐서린 퍼거슨 아카데미'의 교원 5,466명을 해고하고 학교 자체를 폐쇄했다. 이 학교는 그동안 저소득층 학생들을 수용하는 아주 중요한 역할을 수행하고 있었다. 폐쇄 명령에 충격을 받은 많은 학생들이 연일 농성을 벌이며 항의했지만, 결국 학생들에게 협력한 어른들마저 경찰에 제압당하고 말았다.

머스키건에서는 보다 대담한 공교육 일소 정책이 실시되고 있다.

교사와 학교 직원 전원에게 '핑크슬립'이라고 하는 해고통지가 날아들었고, 새로운 차터스쿨 운영은 뉴욕에 본사를 둔 '모자이카에듀케이션'이라는 회사가 수주했다. 이 회사는 아동낙오방지법이 도입된 이래 교육비즈니스로 급성장한 다국적기업이다. 2003년부터 고작 4년 만에 매출이 6,500만 달러에서 1억 2,000만 달러로 급증했다. 또 미국의 13개 주와 워싱턴 주에서 총 75곳의 차터스쿨을 경영하고 있으며, 카타르와 싱가포르 등 세계 곳곳에도 차터스쿨을 확대하고 있다. "글로벌시장에 유익한 인재 육성"이라는 기치하에 낭비를 배제하고 시장원리를 도입한 효율적인 학교경영은 위더스푼이 찾고 있던 조건과 딱 들어맞았다.

이제 2017년까지 5년 동안, 머스키건 시의 공교육 예산은 모두 모자이카에듀케이션으로 흘러들게 된다.

교육비즈니스 관련 기업은 최근 10년간의 국가 교육정책인 '예산삭감', '경쟁도입', '규제완화', '민영화'라는 4종 세트의 은혜에 힘입어 나는 새도 떨어뜨릴 기세로 성장하고 있다. 월스트리트의 투자가들도 교육 관련 주의 밝은 미래에 뜨거운 눈길을 쏟고 있다.

2013년 5월, 릭 스나이더 주지사는 디트로이트 시를 포함한 6개 시에 비상재정관리관을 임명했다. 이로써 총 7곳의 시가 머스키건의 뒤를 잇게 되었다. 이번에 수주한 기업은 모자이카에듀케이션과 레오나그룹 2개 사다.

2009년 이래 미국에서는 30만 명의 교사를 포함해 약 70만 명의 공공부문 노동자가 직장을 잃었고, 학구에서는 약 4,000곳의 공립학교가 폐쇄되었다.

뉴욕, 워싱턴DC, 필라델피아, 시카고 등 대도시에서는 수백 곳에 이르는 공립학교가 폐교되고 대신 차터스쿨로 전환되었는데, 오바마 정권은 그러한 흐름을 더욱 강화하려는 정책을 연이어 실행 중이다.

　미시간 주의 교육 관련 시민단체 '중서부 에듀케이션 트러스트'의 책임자인 안바 알레라로는 이러한 공교육 민영화 정책에 경종을 울린다.

　"허리케인 카트리나 이후 정부의 목적이 '교육의 시장화'에 있다는 것을 이 나라 교사들은 모두 알고 있습니다. 뉴올리언스는 교육판 쇼크독트린의 사례로 유명한데, 미시간 같은 저소득 지역도 똑같은 패턴으로 당하고 말았습니다. 지자체한테서 교육에 관한 주권을 빼앗고 공교육을 상품화하는 것은, 단기간에 재정을 개선할 수는 있어도 장기적으로는 심각한 폐해를 낳게 될 것입니다. 정치가와 투자가, 은행들은 아이들의 미래에서 가장 중요한 것을 무시하고 있습니다. 교육에서 무엇보다 중요한 것은 단기간의 이익이 아니라 장기적인 영향이라는 사실을 말입니다."

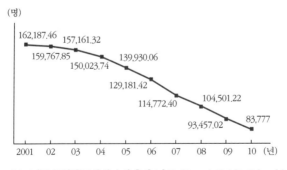

디트로이트 공립학교 학생 수의 추이 (자료 : Detroit Public Schools)

소방서, 경찰, 공원이 사라지다

2011년 주지사에 대한 소송이 발생한 비상사태관리법은 지자체의 다른 분야에서는 어떤 결과를 초래했을까?

미시간 주 폰티액 시의 직원이었던 아이린 데이비스는 공민권을 침해한 이 법률은 헌법 위반이라고 비판한다.

"지역주민이 자신들을 통합해줄 사람을 뽑지 못하고, 행정이 처리하는 모든 일에 어떠한 발언권도 갖지 못해요. 폭거를 당해도 비상재정관리관의 해직을 청구할 수 없어요. 지역 내의 토지와 인프라, 공공서비스 등을 민간기업에 다 팔아넘겨도 한마디 말도 못합니다. 이것은 어느 모로 보나 독재이고 헌법 위반입니다."

사실 비상재정관리관 자체는 예전부터 있었다. 그런데 주민들의 반발이 해를 거듭할수록 증가하는 이유는 무엇일까?

"예컨대 건설이나 교육 등은 옛날에는 비상사태관리법의 적용 대상에서 제외되어 있었습니다. 그런데 최근 10여 년 사이에 상황이 급변해서 비상재정관리관의 권력 범위가 순수한 재정 분야에서 단번에 확대되어버린 겁니다. 마치 지자체 자체를 통째로 민영화할 기세로, 재정의 건전화라는 명분을 내세워 지자체 기능 자체를 거의 유명무실한 것으로 만들고 있습니다. 비상재정관리관의 조건은 개인이거나 법인인데, 대개 은행이나 대기업을 등에 업은 고문 변호사가 많죠."

"어떤 문제들이 발생하고 있나요?"

"미시간 주에는 이미 주지사가 임명한 총 12명의 비상재정관리관이 있습니다. 제가 사는 폰티액도 그렇습니다. 2009년부터 지자체 의원도 공무원도 직함은 있는데 일은 하지 않아요. 그 어떤 권한도 없으니까요. 시 운영은 모두 비상재정관리관이 하고 있지요."

폰티액은 디트로이트 북쪽에 위치한 공업도시 중 하나로, 한때 제너럴모터스의 공장이 있었다. 1,200만 달러의 채무와 실업률 30%가 넘는 시점에서, 주(州)가 비상사태로 간주하고 비상재정관리관인 루 순메르를 보낸 이후 그런 상황이 지속되고 있다.

"재정건전화는 반드시 이루어져야 합니다. 미시간 주의 지자체는 어디나 더이상은 빌릴 수 없을 정도로 많은 빚을 지고 있으니까요. 하지만 문제는, 숫자만 원래대로 되돌리면 된다는 목적으로 실시하고 있는 지나친 재정긴축입니다. 숫자를 줄인다는 의미에서, 비효율적이라고 생각되는 것은 관리관인 순메르의 독단에 의해 줄줄이 폐지되고 있습니다. 시 직원은 대부분 해고되거나 근무 일수가 축소되었고, 동물원이나 미술관, 공원, 도서관 등은 폐지되었으며, 청소업자나 상하수도는 민영화되었습니다. 효율만을 추구해서 지자체의 행정을 꾸리면 이렇게 된다는 견본 같은, 정말 무시무시한 방법이었습니다."

하지만 아이린의 비판과는 달리, 순메르의 수완은 다른 지자체나 은행 관계자들한테서는 높은 평가를 받고 있다. 경찰 업무를 외주해서 연간 200만 달러의 세출을 절감한 것은 특히 극찬을 받았는데, 순메르는 인접한 오클랜드 군의 보안청에 폰티액 시내의 경비 업무를 위탁했다.

4년 동안 시의 연간지출을 5,700만 달러에서 3,600만 달러로 줄인 뒤, 비상재정관리관은 15만 달러의 보수를 받아들고 유유히 도시를 떠났다.

하지만 아이린은 주민들 사이에 미래에 대한 불안이 점점 커지고 있다고 말한다.

"순메르는 분명 자신이 맡은 임무를 다했다고 할 수 있겠죠. 빚더미였던 시 재정을 응급처치로 수정해놓았으니까요. 단기적으로 보면 재무제표상의 숫자를 줄여놓긴 했지만, 장기적으로는 어떨까요? 파격적인 가격에 매각된 공공서비스는 앞으로 기업이 모든 결정권을 장악하게 될 겁니다. 가격도 맘대로 올릴 수 있고, 타산이 안 맞는다 싶으면 언제든 팔고 떠나버릴 수도 있어요."

"경찰이나 소방서는 어떤가요? 폰티액 시경이었을 때보다 보안청의 대응이 더 빠른 것 같던데⋯⋯."

"네, 확실히 보안청이 빠르긴 합니다. 전화를 하면 즉시 달려오죠. 하지만 그들은 어디까지나 오클랜드 군의 보안청입니다. 만일 양쪽에서 동시에 무슨 사건이 발생하면 어떻게 될까요? 보나마나 폰티액보다 자기 군의 치안유지가 우선이겠죠."

순메르가 비용삭감을 위해 마을의 소방서를 폐지한다고 했을 때, 소방관들은 서를 상대로 맹렬하게 항의했다. 그들은 대부분 그 지역 출신으로 고향에 대한 애착이 대단했고, 자기 고향을 지킨다는 데 상당한 자부심을 가지고 있었기 때문이다.

하지만 비상재정관리관의 판단기준은 어디까지나 목표 수치를 달성할 수 있는지 없는지에 초점이 맞춰져 있었다. 소방관들의 급료를 절반으로 줄인다고 해도 비용삭감의 목표치인 300만 달러의 3분의 1에도 미치지 못한다. 그리고 무엇보다도 비상재정관리관은 지역사회의 연대나 조합을 초월하는 절대적인 권력을 쥐고 있었다.

결국 폰티액 시의 소방서는 폐지되었고 소방관들에게는 조기퇴직금과, 희망자에 한해 미네소타 주 다코타 군의 소방서에 새로운 일자리를 마련해주었다.

경찰이 사라진 지금, 아이린은 저녁만 되면 무서워서 외출을 할 수 없게 되었다고 말한다.

"지금은 불이 나면 이웃 도시에서 소방차가 옵니다. 폰티액에는 더이상 자신들의 소방서도 경찰도 없습니다. 설령 저임금의 서비스직을 찾았다고 해도, 이런 마을에서 누가 안심하고 아이를 키울 수 있겠어요?"

비상재정관리관의 실적은 주민의 안심이 아니라 어디까지나 재무제표상의 수치로 평가된다. 은행은 그 결과에 대만족이었다. 외부에서 수많은 민간기업들이 좋은 조건으로 참여함으로써 도시 전체가 활기를 되찾았기 때문이다. 다운타운의 상업지역에서는 울퉁불퉁하던 도로가 깨끗하게 포장되었고 쓰레기는 정리되었으며 가로등에도 다시 불이 켜졌다. 그리고 텅 비어 있던 사무실에 하나둘 임대인들이 들어왔다.

아이린의 말처럼 저소득층의 주거공간은 여전히 빈집인 채로 방치되었고, 학교 건물은 보수도 안된 채 버려졌다. 예전의 도서관이나 아이들을 위한 공공시설이 모두 사라지고 없었지만, 이런 문제들은 은행에게는 문제 축에도 들지 않았다. 그들에게 중요한 건 상업지역의 활성화다. 그것으로 지역의 등급이 올라가면 비과세채권의 가격이 올라가고, 그래야 투자가들도 돌아올 것이기 때문이다.

파산한 지자체에 대한 은행의 방침은 마치 채무초과국에 대해 IMF가 실시하는 내용과 너무나 비슷하다. 양측 모두 상대방의 장래를 고려한 근본적인 재건을 꾀하는 게 아니라, 공공부문을 아주 싼값에 매각시켜 단기간에 기업의 수익을 최대로 올려주고, 최종적으로는 빌려준 돈을 회수하는 데 목적이 있다.

파산한 폰티액 시에 빌려준 돈을 조금이라도 많이 회수하려고 안간힘을 쓰는 은행과, 파산신청만큼은 피하고 싶은 지자체에게 비상재정관리관이 제출한 재무제표의 결과는 합격점을 주기에 충분했다.

고용을 되살리는 마법의 지팡이, 노동권법

"스나이더 지사의 영단을 높이 평가합니다. 이것으로 인해 미시간 주를 떠난 젊은이들도 고향으로 돌아오게 될 겁니다."

2012년 12월에 미시간 주의 릭 스나이더 지사가 서명한 노동권법(Right to Work Law)에 대해 매키낵공공정책센터의 노동정책 책임자인 빈센트 베르누소는 이렇게 말한다.

"빅3의 본거지로 미국에서 다섯 번째 조합조직률을 가진 미시간 같은 주에서, 지대한 반대를 무릅쓰고 지사가 결단을 잘 내렸다고 생각합니다. 미시간은 스물네 번째로 노동권법이 시행되는 주(州)입니다. 이것으로 고용이 반드시 되살아날 겁니다. 직장을 찾아 고향을 떠난 젊은이들도 돌아올 테고, 머잖아 미시간에 활기가 돌게 되겠지요."

노동권법이란 노동조합 가입과 조합비 지불의 의무화를 금지하는 법률이다.

미국의 노동조합은 교섭대표제를 취하고 있어서, 30% 이상의 서명을 얻은 조합대표 선거에서 과반수를 얻은 조합만이 단체교섭권을 취득한다. 노동협약이 체결되어 조합 보장 조항이 적용되면 조합원이 아니라도 강제적으로 조합비를 내도록 하는 구조다. 노동권법이 시행되면 이러한 의무가 없어지므로 앞으로 조합비 강제징수는 할 수 없게 된다.

기업 입장에서는 조합을 조직하는 것이 힘든 지역일수록 노동비용이 저렴해지고 작업환경도 유연하게 바꿀 수 있어서 효율적인 경영이 가능하다. 노동권법을 도입한 주에서 고용이 증가하게 되는 것은 이 때문이다.

"주민 소득 측면에서는 어떤 변화가 있습니까?"

"노동권법을 도입하지 않은 주에는 조합이 있는 만큼, 도입한 주에 비해 확실히 평균 명목소득이 10% 정도 높습니다. 그렇지만 도입한 주의 경우 실업률이 개선되기 때문에, 노동권법을 도입하지 않은 주에 비해 소비가 활성화되어 있어요. 일자리가 없고 물가가 높은 주와, 다소 수입은 줄더라도 소비에 의해 경제가 활기를 띠고 있는 주. 이 둘 중에서 젊은이들은 후자를 선택하겠죠. 어느 쪽이 살기 좋은지 한눈에도 빤히 보일 테니까요."

노동권법을 도입한 주에서는 확실히 고용이 증가했다. 조합의 약세로 사업하기가 쉬워져서 기업들이 돌아왔기 때문이다. 조합과 노사교섭이라는 장애가 축소됨으로써 기업은 주주이익의 증가를 추구할 수 있게 되었다. 복리후생이나 임금인상 혹은 노동자의 교대근무 등, 지금까지처럼 조합의 눈치를 살필 필요 없이 인건비를 억제하고 최대한 생산효율을 올릴 수 있는 시스템을 도입할 수도 있다.

노동권법을 도입한 주에서는 확실히 실업률이 낮아졌다. 하지만 막상 뚜껑을 열어보면 실업률의 수치를 낮춘 것은 노동조건이 나쁜 저임금의 일자리가 압도적이다.

 "미시간은 조합이 강하고 생활수준이 높은 것으로 유명한 지역이었잖아요?"

 "한때는 그랬지만, 결국 조합이 너무 강해진 나머지 제너럴모터스의 도산을 초래하고 말았습니다. 조합은 그에 대한 반성의 기미가 전혀 없어요. 그들의 시간은 제너럴모터스의 황금기에 그대로 머물러 있는 것 같아요. 지금 어렵사리 자동차산업이 회생하려고 하는데, 그때와 똑같은 감각으로 높은 임금이니 연금이니 의료비니 하는 걸 요구한다면 순식간에 기업이 도망가고 말 겁니다. 그로 인한 여파는 고스란히 노동자들에게 미치게 되겠죠."

 "옛날처럼 그런 권리를 요구하는 건 무리라는 말씀이신가요?"

 "솔직히 말해 비현실적이죠. 글로벌화가 진행되었으니 기업은 인건비와 세금이 낮은 주를 선택할 것이고, 국내보다 해외가 싸면 당연히 해외로 공장을 이전하겠지요. 기업과 함께 노동자도 시대의 변화에 적응했을 때 비로소 서로의 필요에 맞는 최고의 노동환경을 만들 수 있습니다."

 "최고의 노동환경이란 누구에게 그렇다는 말씀

'노동권법은 임금을 낮추고 빈곤율을 높인다'고
호소하는 스티커

이신가요?"

"쌍방 모두에게 그렇습니다. 시대변화의 물결에 뒤처진 노동자가 어떻게 될까요? 실업급여가 끝남과 동시에 노숙자 신세입니다. 아시겠어요? 조합은 아직 모르고 있습니다. 지금 전국에 산재해 있는 5,000곳이 넘는 노숙자 텐트촌, 젊은이의 모습이 사라지고 텅 비어버린 지자체. 그것을 부추기고 있는 것이 황금시대의 기득권에 여전히 매달려 있는 자신들이라는 사실을 말이죠."

노동권법을 도입한 주에서는 조합의 조직력이 약화된 만큼 기업을 유치하기에 유리하다. 5년 이내에 90%가 파산할 거라고 예견되는 미국의 각 지자체 역시 글로벌화의 가격경쟁에 노출된, 비용전략을 꾀하는 기업에게는 하나의 '상품'에 불과하다.

스나이더 주지사가 노동권법에 서명하기 직전, 미시간 주 각지에서는 대규모 항의 활동이 벌어지고 있었다.

그 선두에 선 조합 중 하나가 미국 제일의 조직력과 자금력을 자랑하는 UAW(전미자동차노동조합)이다. 그들은 노동권법이 노동자의 당연한 권리를 빼앗는 헌법 위반의 악법이라며 맹렬히 반발했다.

하지만 조합의 기득권을 비판하는 노동권법 추진파의 목소리도 적지 않다.

UAW가 공개한 조합 직원들의 연수입을 보면 회장이 15만 달러, 광고직이 10만 달러, 인턴이 3만 달러로, 확실히 중간층의 급여 수준을 훨씬 웃도는 금액이다. 그들이 옹호하는 노동자가 지금 시급 15달러로 일하고 있는 상황을 보면, 급격하게 변해가는 미국의

214

노동시장이 초래하는 부작용이 여기저기서 폭발하고 있음을 부인할 수 없다.

어떤 의미에서 이것은 글로벌화된 시대에는 자연스러운 흐름이라고 베르누소는 말한다. 변화를 거부하는 사람들은 현실을 직시하지 않는다. 그러므로 그들이 도태하는 것은 결국 자기책임이라는 것이다.

그런데 과연 그럴까?

재정적자로 신음하는 지자체는 조금이라도 더 많은 기업과 투자가를 외부에서 불러들이기 위해 유치조건을 유리하게 하는 갖가지 규제완화를 실행하고 있다. 구매자에 해당하는 기업이나 투자가와 판매자인 지자체 사이에 형성되는 권력관계로 볼 때, 지자체에게 선택의 여지는 별로 없기 때문이다.

결국 노동자의 권리와 생활을 보호하는 조합의 조직력을 약화시키고 법인세를 내리며 환경 관련 규제를 완화한다. 하지만 그곳에 거주하는 주민의 건강과 생활, 환경 등의 공익을 지자체가 지켜주지 못하면, 순수한 이익만을 최우선으로 삼는 기업에 의해 그 지역은 많은 것을 잃게 될 것이다.

미시간 주의 노동권법 항의 데모에 참가한, 지역에서 식료품점을 경영하는 브레드 맥거번은 노동권법은 지자체를 팔아넘기는 위험한 법률이라고 지적한다.

"정치가들은 재정적자인 지자체를 재건하기 위해서는 비효율적인 공공부문을 분리해 민간에게 맡김으로써 경제를 활성화하는 방법밖에 없다고 말합니다. 하지만 그 방법의 문제점은, 일단 한번 시작되면 치열한 가격경쟁에 내몰리게 되어 돌이킬 수 없게 된다는 것입니다. 우리 같은 영세기업은 대규모 체인슈퍼와 가격경쟁에서 이길 수 없고, 애그리비즈니스나 공업식 농장이 들어오면 지역 환경이 파괴됩니다. 그렇게 토지가 사용할 수 없을 정도로 피폐해지고 나면 기업은 뒤도 돌아보지 않고 다른 곳을 찾아 떠나버릴 겁니다."

"싼값에 이용하다가 더이상 쓸 수 없게 되면 버리고 가버린다는 말씀인가요?"

"그렇습니다. 비용과 생산성이 최우선 잣대인 기업에게는, 지역의 상점과는 달리 이 지역에 대한 애착도 인간관계도 없습니다. 아

노동권법 도입 현황 (자료 : The National Right to Work committee)

216

이들이 자라는 환경에 대한 책임도, 계승해야 하는 전통을 지켜야 한다는 마음도 갖고 있지 않습니다."

하지만 그런 것들은 모두 공동체에 있어 값을 매길 수 없을 정도로 귀중한 가치를 지니고 있다.

"그렇습니다. 힘들다고 다 팔아넘겨버리면 결코 돌이킬 수 없는 것들입니다. 노동권법을 도입한 다른 주를 보면 알 수 있습니다. 기업 하나를 유치하려고 경쟁한 앨라배마 주와 인디애나 주에서 무슨 일이 벌어졌는지 보면 알 수 있습니다. 누구에게 여파가 미쳤는지 말입니다."

부세엔터프라이즈의 공장 유치를 놓고 앨라배마 주와 인디애나 주는 이미 도입한 노동권법 이상의 좋은 조건을 제공하려고 최저임금 인하와 법인세 대폭 감소 등의 법 개정을 연이어 실시했다. 그 결과 앨라배마 주가 승리했다. 그곳에 새롭게 세워진 공장은 많은 고용을 낳았다. 하지만 브레드의 말처럼, 공장 유치와 맞바꾼 '노동조건과 환경 관련 규제완화'에 대한 대가는 그곳에서 일하는 노동자와 주민이 치르게 될 것이다.

식품의 세계와 마찬가지로, 글로벌화에서 가격경쟁을 격화시킨 최대의 원인은 정부가 차례로 실시한 규제완화 정책과 국경을 넘어 그것들을 적용시킨 국제법들이다. 그리고 합법적인 '주주지상주의' 환경이 법제화된 배경에는 그것을 원하는 경제계와 금융계가 정부와 결탁한 코포라티즘(corporatism, 경제성장을 목표로 노동시장을 통제하기 위해 정치와 기업이 유착하는 행태-옮긴이)의 존재가 숨어 있다.

이러한 효율화로 인해 시장이 통일될수록 국경이나 인종, 문화나 전통 등의 다양성은 사라지고 사회는 단편적으로 변해간다. 미국에서 일어나고 있는 현상은 급속히 세계로 확대되고 있는 거대한 흐름의 축소판인 것이다.

비상사태 선언한 디트로이트

2013년 3월 1일.

미시간 주의 릭 스나이더 지사는 디트로이트 시에 재정 비상사태를 선언했다. 자동차제조의 빅3는 리먼쇼크 이후의 불경기로부터 기세를 차츰 회복하고 있는데, 주의 재정 회복은 그를 따르지 못한다는 이유에서였다.

파산하면 미국의 지자체 중에서 최대 규모에 속하게 될 디트로이트의 비상사태 선언은, 이러한 전개를 기다리고 있던 월스트리트의 투자가들을 흥분의 도가니로 몰아넣었다. 영국의《파이낸셜 타임스》는 서둘러 이를 기사화하면서 스나이더 지사의 결정을 극찬했다.

스나이더 지사는 이번 비상재정관리관으로, 빅3가 파산했을 때 크라이슬러의 채무정리를 담당한 워싱턴의 대표변호사 케빈 오르를 지명했다.

오르는 파산한 기업의 재정 재건을 전문으로 하는, 자기 능력에 절대적인 자신감을 가진 사람이었다. 비상재정관리관이 온다는 사실에 반발하는 주민과 시 직원들이 대대적인 항의 데모를 했지만, 긴 시간 이 업계에서 실력을 다져온 오르는 눈썹 하나 까딱하지 않았다.

오르는 맹렬하게 반대의 목소리를 높이는 데모 참가자들에게 미소를 지어 보이며 이렇게 말했다.

"원한다면 저와 재판소에서 한판 붙어보시겠습니까? 후회하게 되겠지만."

원래 벤처캐피탈리스트로 1%의 부유층에 속하는 스나이더 지사는 기자회견에서 신묘한 표정을 지어 보이며 이렇게 말했다.

"어쨌든 슬프긴 합니다만, 디트로이트의 미래를 위해서는 단호한 행정개혁밖에 없을 것 같습니다. 이런 일은 누군가가 총대를 메지 않으면 안됩니다."

하지만 '디트로이트의 미래'라는 말을 좋아할 이는 주민들이 아니라 디트로이트 시의 비과세채권을 가진 헤지펀드 매니저들일 것이다. 2008년 금융위기에서 입은 손실을 오바마 정권하의 공적자금 투입으로 충분히 회수한 그들은 이제 새로운 투자기회까지 노리고 있었다.

역사 속에서 여러 나라가 증명한 것처럼, 빚 때문에 망해가고 있는 지자체나 국가가 재정삭감을 거듭할수록 공공부문은 쇠락하고 토대부터 무너지게 된다. 그러나 '재정위기'를 들먹이고 '재건'을 슬로건으로 내세움으로써 단번에 공공부문을 매각할 수 있다는 것은 미시간 주를 비롯한 미국 내의 사례들을 보면 금방 알 수 있다. 이런 일련의 공공사업 해체에 의한 민영화 정책은 대기업의 주가상승에 공헌했고, 2009년에는 미국의 불경기가 끝났다는 보도마저 있었다.

하지만 정책을 실시하는 사람들이 과연 '포스트 재정파탄'의 가까운 미래를 제대로 예측하고 있기는 한 것일까?

노동자의 권리와 연금, 복지, 의료, 교육, 공중위생 등 노동자가 얻게 될 사소한 권리를 전면적으로 폐지하는 것은, 무엇보다 그곳에 거주하는 사람들의 생활 자체를 쪼들리게 한다.

연방, 주, 지방자치단체의 예산을 대대적으로 삭감하고 공공부문 해체에 주력해온 오바마 정권하에서 2009년 이후 교사 30만 명과 공무원 40만 명이 직장을 잃었고, 공립학교 4,000곳이 폐쇄되었다.

그사이 매스컴은 서둘러 양 정당에 대립이 있다는 식의 보도를 흘려보냈고, 국민의 관심이 테러나 총기규제, 동성결혼의 가부 등에 쏠려 있는 때를 틈타 오바마 정권과 공화당 의회는 콤비가 되어 새로운 예산삭감에 착수했다. 유치원에서 고등학교까지 교육지원 예산, 아이들의 영양관리 예산, 노숙자 지원 프로그램이나 장기실업자용 실업급여 등 총 1조 2,000억 달러의 연방예산이 삭감되었다.

오바마 대통령에 의한 사회보장 삭감에 반발해 민주당 지지자들조차 투덜투덜 불만을 토로하면서도 결국에는 그러한 정책을 고스란히 받아들였다. '재정위기에 의한 국가파탄'이라며 정부와 매스컴이 거듭 강조하는 '위기'는 그만큼 강력하고 효과적인 대의

명분으로서 쇼크독트린의 기반을 다졌다.

디트로이트에서도, 미국에서도, 그리고 전 세계에서도 같은 말이 반복되고 있다.

주식시장이 급등하고 대기업이 공전의 이익을 올리고 있는 가운데, 사회에서 최소한의 생활필수품을 보장해줄 예산은 어디에도 없다.

국민들은 대부분 모르고 있었다. 2014년에 시행될 예정인 '오바마 케어'로 인해 이미 대다수 노동자의 고용과 생활은 물론이고 공공부문까지도 야금야금 먹히기 시작했다는 사실을.

"오바마 대통령의 집념의 법률"이라고 찬사를 받은 이 법안이 메디케어(노인 의료보장 제도)와 메디케이드, 몇천만명에 이르는 퇴직노동자와 저소득층이 의지하고 있는 사회보장을 한층 더 깊이 잠식해가는 '주식회사 빈곤대국 아메리카'의 속편이라는 사실을.

민영화된 꿈의 도시

    비상재정관리관이 저소득층 주민과 조합, 공무원한테서는 격렬한 반발을 사고 은행으로부터는 칭찬을 받는 것처럼, 이 방법은 과도하게 양극화된 지금의 미국에서는 그 대상에 따라 수용방식이 180도 다르다.

    2005년 8월 허리케인 카트리나로 인해 엄청난 수해를 입은 조지아 주에서는, 수몰된 지역의 주민이 대부분 아프리카계 저소득층이었다는 이유로 애틀랜타 근교에 거주하는 부유층에서 불만이 확산되었다.

    공화당을 지지하는 그들은 작은 정부를 신봉하는 계층이다. 그들의 생각은 이렇다.

    "왜 우리가 낸 세금이 가난한 사람들의 공공서비스를 위해 쓰여야 하는가? 허리케인으로 괴멸상태에 처한 피해지를 일부러 막대한 예산을 들여 부흥시킨다고 해도, 대부분의 주민들은 결국 공공시설 없이는 자활할 수 없지 않은가? 정부의 개입방법은 그야말로 사회주의다. 계속 행정지원을 필요로 하는 사람들을 위해 우리가 피 같은 세금을 대체 얼마나 더 내야 한단 말인가?"

도무지 납득할 수 없는 그들은 이 사안에 대해 주민투표를 실시했고, 마침내 최선의 해결책을 찾았다. 현재 속해 있는 지자체와는 별도로 자기들만의 자치구를 원하는 방식대로 만들어 독립하면 된다는 것이다.

그들은 자치구 운영에 관해서는 아마추어지만, 따로 걱정하지 않아도 부유층에는 대기업이 알아서 따라붙게 되어 있다. 대형 건설회사 CH2M힐이 2,700만 달러로 시의 운영을 맡겠다는 제안을 함으로써 양자 간의 계약이 즉시 성립되었다.

정규직원은 되도록 줄이고 주로 계약사원을 고용해서, 통상 지자체 예산 중 대부분을 차지하는 인건비를 가능한 한 억제하는 시스템이다. 물론 조합 같은 게 있을 리 없다.

이러한 움직임은 몇 개월이라는 짧은 기간 동안 눈에 띄지 않게, 하지만 신속하게 진행되었다. 미국의 전 국민과 매스컴의 관심이 허리케인 카트리나와 피해지에 집중되어 있었기 때문이다.

그렇게 해서 2005년 12월, 미국 최초로 인구 10만 명인 '완전 민간경영 자치구 샌디스프링스'가 탄생했다.

정부가 아니라 민간기업이 운영하는 자치구.

PPP(Public Private Partner, 공공민간통합) 모델이라고 불리는 이 새로운 방법은 애틀랜타 주변의 부유층들 사이에서 폭발적인 인기를 모았다.

고용시장 1명, 의원 7명, 시 직원 7명. 여분의 세금을 저소득층의 복지나 공공을 위해서가 아니라, 자기들만을 위해 가장 효율적으로 사용할 수 있다.

정치가와 유착한 공무원도 없고, 권리만 주장하는 '짜증나는 조합'도 없다. 제너럴모터스를 파산에 이르게 한 막대한 공무원연금이나 저소득층 의료보장 제도인 메디케이드에 대한 부담에서도 벗어날 수 있다. 고정자산세도 앞으로는 자신들만을 위한 재원이 된다. 경찰과 소방 이외의 서비스는 이미 민간에 위탁했고, 지불한 비용에 맞는 적절한 서비스를 제공받는다. 시에는 24시간 연중무휴인 핫라인이 있어서 무슨 일이 벌어지더라도 언제든지 대응할 수 있다.

정부통치 기능을 주식회사에 위탁한 샌디스프링스의 탄생은 작은 정부를 염원하던 부유층 주민과 대기업에게는 그야말로 학수고대하던 꿈의 실현이었다.

통상 공공서비스를 민영화하면 선택사안들은 폭이 아니라 깊이가 증가하고, 주민의 경제적인 격차가 제공받는 서비스의 내용에 격차를 만든다.

하지만 샌디스프링스에서는 그런 걱정은 할 필요가 없다. 무엇보다 주민은 모두 한 세대당 연평균수입이 17만 달러(약 1억 7,000만 원) 이상 되는 부유층들이다. 또는 세금에 대한 대비책으로 본사를 이전해둔 대기업들이다.

고용이 감소했다고 불만을 토로하거나 조합을 만들어야 한다고 주장하는 주민도 없다. 샌디스프링스의 주민은 대부분 주(州) 밖에서 수입을 얻고 있기 때문이다.

주변 지역에서 샌디스프링스를 동경하는 부유층이 똑같이 주민 투표를 실시해서 하나둘 자치구 운영을 기업에 위탁했다. 그로 인해 새롭게 5개 도시가 뒤를 이어 독립특구를 형성했다.

외부인이 쉽게 들어올 수 없도록 경비도 철저히 함으로써 주민들은 쾌적하고 안전한 생활을 약속받았다. 실업률 저하와 경찰의 해고로 매일같이 근처 마을에서 범죄가 발생하는 환경에 놓여 있었던 주민들은 이제 겨우 안심하고 생활할 수 있게 된 것이다.

독립특구의 탄생으로 가장 충격을 받은 것은 주변 지역의 정치가와 주민들이었다. 연이어 성립되는 주식회사경영의 자치구에 대해 그들 사이에서는 강력한 반대운동이 일어났다. 전체 지역에서 부유층만 멋대로 독립해 나가면 가장 곤란한 건 그들이기 때문이다. 부유층의 세금 없이 대체 어떻게 그 지역의 저소득층을 위한

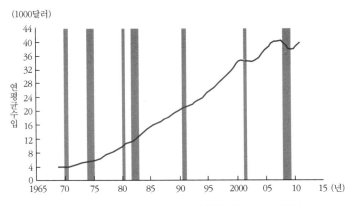

샌디스프링스 주민의 1인당 연평균수입 추이 (자료 : 미국 상무부)
* 음영 부분은 미국이 불경기에 처해 있던 시기를 가리킨다.

공립학교며 공립병원, 공공교통, 복지행정 등을 유지할 수 있단 말인가? 과소화가 진행 중인 지역은 점점 뒤처지게 되고, 지자체의 재분배 기능은 작용하지 못하게 될 것이다.

정치가들이 머리를 싸매고 있는 반면, 샌디스프링스가 상징하는 이 새로운 민간경영 자치구에 대한 관심은 멈출 줄 모르고 높아만 갔다. 소문은 세계 곳곳으로 퍼져 중국과 사우디아라비아, 인도, 우크라이나 등에서도 시찰단이 방문할 정도로 인기가 높아지고 있다.

샌디스프링스가 상징하는 것은 주주지상주의가 확대되는 시장사회에서 상품화된 자치구의 모습이다. 이때 중시되는 것은 효율과 코스트 퍼포먼스(cost performance, 가격 대비 성능비)에 의한 질 높은 서비스다. 거기에는 더이상 '공공'이라는 개념은 존재하지 않는다.

제5장

"정치와 매스컴도 사버려라!"

기업이 입법부를 사다

"미국이라는 나라를 멋대로 주무르고 싶다면 로비의 대상은 대통령도 상하원도 아니다. 지름길은 주의회다."

《네이션》의 워싱턴 특파원이면서 미디어개혁 추진단체인 '프리 프레스'의 창시자인 존 니콜라스는 단언한다.

50개 주로 구성된 합중국은 각각의 주에 독자적인 법률과 자치권이 있다. 일본처럼 모든 재원과 권한을 가진 중앙정부와는 달리, 미국은 연방정부가 외교나 군사 업무를 담당할 뿐 궁극적으로 주권이 지역에 주어져 있는 나라다.

헌법도 공통의 미합중국 헌법과, 각각의 주에 적용되는 각 주(州)의 헌법이 따로 있다. 주는 주법(州法)의 제정과 시행, 과세권을 가지고 교육과 노동, 환경, 생활, 공중위생, 의료복지 등 주민의 일상생활에 직접적인 영향을 미치는 분야에서 강한 권한과 책임을 지고 있다.

니콜라스는 말한다.

"요컨대 주를 통제하는 사람이 국민 생활의 구석구석에 미치는 영향력을 가질 수 있다는 겁니다."

미국 정부가 1980년대부터 지향하고 있는 '주주지상주의'는 레이건 정권 이후 적극적으로 추진되었다. 앞서 서술한 식품과 농업의 수직통합, 거대산업화를 후원해온 규제완화 정책의 배경에는 기업에 의한 강력한 로비활동과 기부금, 정부와 기업 사이에서 기세 좋게 돌아가는 회전문인사 등의 존재가 있었다.

연방 차원에서 기업 편익의 정책이 차근차근 실행되는 한편, 주 차원에서 기업이 진행하는 또 하나의 전략에 대해 국민들은 대부분 그 실태를 전혀 알지 못했다. 30년이 넘도록 매년 착실하게 진행되어온, 어느 모로 보나 각각의 주를 기업을 위한 환경으로 재창조해온 이 집단의 존재는 한 살인사건을 계기로 사람들의 관심을 끌게 된다.

그것은 바로 2012년 2월 26일, 플로리다 주에서 한 흑인 소년이 백인 거주지역의 감시원에게 사살된 사건이다.

범인인 조지 짐머맨은 쇼핑을 마치고 돌아가던 열일곱 살 트레이번 마틴의 뒤를 미행하다 실랑이를 벌인 끝에 정당방위로 사살했다고 주장했다. 하지만 살해당한 소년 트레이번의 손에는 주스와 과자가 들려 있을 뿐이었다.

지역 당국이 짐머맨을 체포하지 않은 사실은 말할 것도 없고, 백인이 흑인을 살해한 이 사건은 인종차별 문제로까지 발전하면서 국민의 분노를 샀다. 트위터나 페이스북이 이에 관한 정보를 순식간에 확산시켰다. 지역의 한 교회에서 시작된 대규모 항의 운동이 뉴욕 시를 비롯해 다른 주에까지 불꽃이 튀면서 순식간에 미국 전역으로 번져나갔다.

무방비 상태의 소년을 총으로 쏘아죽인 범인을 경찰은 왜 입건하지 못했는가? 항의의 창끝은 2005년에 플로리다 주의회를 통과한 어느 법률로 향했다.

정당방위법(Stand Your Ground Law)이라고 불리는 그 주법(州法)은 신변에 위협을 느끼면 공공장소에서도 살상력이 있는 무기를 사용하는 것을 용인한다는 내용이다. 장소가 자택이나 차 안이라면 상해치사라도 체포되지 않고, 정당방위인지 아닌지 입증할 책임 또한 피해자에게만 주어진다.

이 법률이 성립했을 때 제브 부시 지사는 이렇게 말했다.

"이것으로 당신 집에 강도가 들어와도 당신 자신과 가족의 안전을 지킬 수 있습니다."

하지만 짐머맨 사건을 계기로 이 법률에 대한 의심의 목소리가 점점 높아졌다. 이 법률이 도입된 이래 플로리다 주에서 총기에 의한 살인사건은 줄기는커녕 3배나 증가했다.

"이 법률의 성립을 위해 전력을 다한 것은 NRA(전미총기협회)였습니다."

트레이번 마틴 살해사건의 해명을 요구하는 인종차별 폐지단체 '변화의 색'의 라샤드 로빈슨 회장은 말한다.

"그들은 항상 총기 매출을 올리기 위한 로비활동을 하고 있습니다. 절대적인 자금력과 정치에 대한 영향력을 가진 NRA는 이 법률을 성립시키기 위해 여간 힘을 쓴 게 아닙니다. 부시 지사가 이

정당방위법에 서명한 플로리다 주의 제브 부시 지사.
그 왼쪽에 서 있는 여성이 마리온 해머 NRA 회장이다. (자료 : bloomberg.com)

법률에 서명하던 날, 신문에 실린 사진에서 부시 지사 옆에서 웃고 있던 마리온 해머 NRA 회장의 얼굴을 똑똑히 기억합니다."

그때 로빈슨은 문득 의구심이 들었다고 한다.

'완전히 똑같은 내용의 법률이 왜 플로리다 주 외에도 32개의 주에서 도입되고 있을까?'

그전까지 다른 주의 입법 과정에 별다른 관심이 없었던 로빈슨은 그 배경을 알고 엄청난 충격을 받았다.

"놀랐습니다. 새롭게 떠오른 것은 ALEC(미국입법교류협의회)의 존재였습니다."

강력한 힘으로 주법을
쥐락펴락하는 ALEC

ALEC는 주의회에 제출하기 전 단계의 법안 초고를 의원이 민간 기업이나 기금 등과 함께 검토하기 위해 설립한 협의회다. 1975년 보수파 의원들에 의해 설립되었고, 작은 정부와 자유시장주의를 정책의 주축으로 삼고 있다. 같은 방향성을 지향하는 로널드 레이건 전 대통령은 ALEC에 대해 "민관의 연대로 짜낸 지혜가 많은 국내 문제를 해결하고 보다 좋은 환경을 만드는 데 공헌할 것"이라고 평가했다.

ALEC에는 현재 미국의 50개 주에서 3분의 1에 해당하는 주의회 의원 2,000명, 하원의원 85명, 그리고 전직 주지사 14명과 기업과 기금 등의 민간대표 300명이 소속되어 있다. 그들은 대다수가 공화당원이다.

협의회는 매년 여러 날에 걸쳐 개최되는데, 거기에서 회원들은 각 분야의 정책에 대해 논의하고 체결한다.

"미국 국민은 ALEC에 대해 막연한 이미지 이상의 것은 잘 모릅니다. 대부분의 사람은 그 존재조차 모를 겁니다. 우리 같은 정치 감시단체들 사이에서도 오랫동안 거론된 적이 없었으니까요.

ALEC는 어디까지나 선거에서 선발된 의원들이 민간에게 전문적인 조언을 얻어 주민의 입장에 서서 정책을 만들어가는 곳이라고만 알고 있었거든요."

ALEC는 기업 로비스트도 정치단체도 아닌 NPO로 등록되어 있다. 하지만 그 실태는 통상의 로비스트나 정치단체보다 훨씬 강대한 힘을 가진, 상당히 세련된 시스템이다.

"ALEC는 '포춘 500'의 상위 100개 기업 중 절반이 회원입니다. 정책 초안을 만든 것은 누구나 다 아는 다국적기업들입니다."

회원이나 기부자 명단에는 에너지복합기업의 소유자인 대부호 코크 형제(찰스 코크, 데이비드 코크)를 필두로 석유의 엑슨모빌, 세계적인 소매기업인 월마트, 거대 제약회사인 파이저, 석탄의 피버디에너지 등 세계 각지에 시장을 가진 유명기업들이 줄줄이 이름을 올려두고 있다. 기업의 국적은 미국계에만 그치지 않는다. 대규모 석유회사인 BP, 일본의 다케다약품공업, 영국의 대기업 세약회사인 글락소스미스클라인 등 여러 나라의 다양한 업계들이 포함되어 있다.

매년 개최되는 협의회는 호화로운 호텔에서 실시되며, 소속 의원들의 호텔 숙박료와 식비 등 경비는 모두 ALEC가 부담한다.

운영비 내역은, 의원의 연회비가 100달러인 것에 비해 기업의 연회비는 8,000달러에서 2만 5,000달러에 달하고, 거기에 기부금이 더해진다. IRS(미국 국세청)의 기록에 따르면, 2008년부터 2011년까지 3년 동안 ALEC가 회원에게 거둬들인 기부금의 총액은 기업과 민간기금, 그리고 기타를 더해 2,161만 5,465달러였다. 그에 비해 주의회 관계자가 낸 금액은 25만 달러로 겨우 1% 정도다.

하지만 이러한 거액의 기부금은 기업 입장에서 보면 아주 효율적인 투자가 된다. ALEC의 회비는 NPO라서 세액공제 대상이 될 뿐 아니라, 기업의 이익을 확대할 수 있는 법 개정이 실현되면 투자한 것 이상의 대가를 얻을 수 있기 때문이다.

협의회에서 제출한 법안은 어느 것이나 기업이 바라 마지않는 내용이다. 세금, 공중위생, 노동자의 권리, 이민법, 민영 교도소, 형사소송법, 총기규제, 의료와 의약품, 환경과 에너지, 복지, 교육 등 테마는 다방면에 걸쳐 있고, 각각의 업계들이 그것을 지지하는 구조다.

"거기에선 의원과 기업들이 각자 다른 방에서 법안을 검토하고 체결합니다. 다만 기업 측에는 거부권이 있는데, 기본적으로 의원은 그것을 그대로 받아들고 각자의 주로 돌아갑니다. 그런 다음에는 그것을 그대로 자신들의 법안으로 삼아 주의회에 제출하는 겁니다."

"법안을 체결할 때는 의원뿐만 아니라 기업에게도 평등하게 투표권이 주어집니까?"

"기업은 투표권을 삽니다. 통상의 회비와는 별도의 비용이 드는 거죠."

투표권은 기업에게 결코 비싼 쇼핑이 아니다. 예컨대 전술한 NRA 초안의 정당방위법은 마리온 해머 NRA 회장이 협의회에서 제안하고 모델법안을 가져간 주의회 의원들에 의해 그 후 32개 주에서 법률로 가결되었다.

협의회에 보도진은 들어갈 수 없기 때문에 지금까지 그 안에서 무슨 일이 벌어졌는지 국민들은 전혀 알 길이 없었다고 로빈슨은 말한다.

그런데 그 실태가 어느 용기 있는 한 회원에 의해 명백히 드러나게 된다.

2011년 7월, 위스콘신 주 매디슨에 본부를 둔 NPO '미디어와 민주주의 센터'의 대표 리사 그레이브는 익명의 ALEC 회원으로부터 한 통의 전화를 받는다. 전화기 너머의 목소리는 ALEC의 내부문서에 관심이 있느냐고 물었다. 한때 사법부에서 근무한 적이 있는 변호사 그레이브는 그 제안을 두말 않고 받아들였다. 그가 보내준 문서는 다름 아니라 ALEC에서 작성한 800건 이상의 모델법안이었다.

기업을 위한 모델법안

"충격이었어요."

그레이브는 배달된 문서를 센터의 직원과 함께 검증했을 때의 일을 이렇게 회상한다.

"그건 하나같이 미국 각지에서 주법(州法)으로 도입되어 있는 법률들의 원안이었습니다. 실제 조문과 비교해보니 문장이 거의 대부분 똑같더군요. 개중에는 구절 하나 단어 하나까지 똑같은 법률도 있었습니다. 그건 즉 ALEC에서 승인된 모델법안을 주의회 의원들이 자기들이 만든 법안인 것처럼 의회에 제출했다는 이야기입니다."

거기에는 그레이브가 전부터 의문을 품고 있던 법률도 많았다. 예를 들면 상해치사 사고시 기업의 과실책임을 면책하는 법률, 유권자의 투표행동을 현저하게 제한하는 법률, 조합의 단체교섭권을 박탈하는 법률, 대규모 농업의 규제완화, 공장의 이산화탄소 배출규제 폐지, 교도소 민영화, 교육의 바우처제도 등, 이 모든 게 ALEC가 승인한 후 법제화된 것들이었다.

"주의회에서는 이런 기업의 관여가 문제시되지 않나요?"

"기업의 관여는 철저히 비밀에 부쳐집니다. 모델법안이 의회에 제출되기 전 기초자에 관한 정보가 문서에서 모두 삭제되기 때문입니다."

"기업 이외의 단체는 어느 정도 관여하고 있을까요?"

"ALEC의 엘링턴 의원은 ALEC는 모든 납세자의 대변자라고 말합니다. 하지만 사실은 대기업이 일반인들의 참여를 막고 있어요. 노동자나 학생, 교육자 등은 ALEC에 들어 있지 않습니다."

엘링턴 의원은 텔레비전 인터뷰에서 이런 법안에 기업이 관여하는 것에 대해 이렇게 대답했다.

"법 개정으로 인해 가장 많은 영향을 받는 것은 기업이니까요."

법 개정이 그곳에서 사업을 경영하는 기업의 수익과 주주배당에 크게 영향을 미치는 것은 사실이다. 그리고 ALEC는 두 가지 측면에서 상당히 효율적인 전략이다.

첫째, 입법 권한을 가진 의원에게 자신들의 요구사항을 전달하는 로비활동보다, 의원 자신이 직접 로비스트 역할을 수행하도록 하는 편이 빠르다. 둘째, 연방 차원의 법률에서 의회 체결 기회는 한 번뿐이지만, 도입 장소가 50곳이나 되는 주법(州法)이라면 승률이 훨씬 높아진다. ALEC의 모델법안은 어느 주에나 적용할 수 있는 형태로 만들어져 있기 때문이다.

"믿을 수 없었어요. 주민의 대변자여야 하는 주의회 의원들이 닫힌 문 뒤에서 기업이 바라는 법안을 작성하고 있었다니! 무엇보다 충격인 건, 민주주의를 뿌리째 흔들어놓는 이런 일이 국민이 모르는 곳에서 비밀리에 30년이 넘도록 계속되었다는 겁니다."

그레이브는 이 내부문서를 토대로 ALEC에 관한 사이트 'ALEC Exposed'(www.alecexposed.org)를 개설하고 모델법안의 내용과 소속된 의원, 기업, 스폰서 등을 모조리 공개했다. 주요 매스컴들은 침묵을 고수하고 있지만, 독립된 미디어나 노동조합, 플로리다 살인사건의 사법 대응에 항의를 계속하고 있는 인종차별 반대단체 등에서는 그에 대한 반향이 서서히 확대되기 시작했다고 한다.

미국 전역으로 확산되면 확실히 기업 이미지에 흠집이 날 것이다. 국민들 사이에 반발이 확대되는 것을 보고 당장 리스크 매니지먼트를 실시한 기업도 생겼다. 코카콜라, 맥도날드, 크래프트푸드, 존슨앤드존슨, P&G 등의 대기업과 빌&멜린다 게이츠 재단은 그 직후 ALEC의 회원갱신을 그만두었다.

"문제는 개개의 기업이 아니라 합법적으로 입법부를 지배하고 있는 ALEC의 존재 그 자체입니다. 기업은 언제든 다시 회원이 될 수 있고 스폰서가 될 수도 있어요. 국민이 사이트의 갱신정보를 정기적으로 확인해주면 좋겠지만, 주요 매스컴이 그걸 다루지 않기 때문에 사람들의 관심이 오래가지 못할 게 분명해요. 그리고 기업도 그걸 너무나 잘 알고 있고요."

주요 매스컴의 스폰서와 ALEC의 출자자는 같은 편이다. 그리고 미국에서 여론을 형성하는 최대의 장치는 인터넷이 아니라 텔레비전이다.

"이건 아이들이 아니라
교육비즈니스를 위한 법안이다"

2012년 3월 6일.

위스콘신 주의 민주당 하원의원인 마크 포칸은 자신이 직접 회원이 되어 실태를 파악한 ALEC의 내정을 주의회 회의장에서 폭로했다.

의회라는 공공장소에서 ALEC에 대해 비판한 것은 포칸이 처음이었다. 이전부터 이 단체의 존재에 의문을 품고 있던 포칸은 ALEC의 회원이 되어 루이지애나 주 뉴올리언스에서 개최된 협의회에 참가했다.

회의장에 도착한 포칸은 먼저 건네받은 팸플릿에 빼곡하게 인쇄된 파트너 기업들의 명단을 보고 경악을 금치 못했다. '포춘 500'의 상위에 이름을 올린 기업들을 필두로 셰브런, 엑슨모빌, 쉘, BP 등의 석유회사를 비롯해 대기업 의료보험회사인 유나이티드헬스케어, 제약과 바이오테크놀로지 업계 단체인 파머, 일본의 다케다약품공업, 독일의 바이엘약품, 신용카드회사인 VISA, 통신 대기업인 AT&T, 월마트 창업자인 월튼 패밀리 재단, 그 외에도 유명기업들의 이름이 빽빽하게 적혀 있었다고 한다.

파트너 기업은 법안의 초고에 관여할 수 있고, 그것을 프레젠테이션할 장소를 제공받을 수 있다. 또 법안을 체결할 때는 의원과 동등하게 한 표를 행사할 수 있다. ALEC가 작성하는 연간 약 1,000건의 모델법안 중 매년 200건이 실제로 법제화된다는 말에 포칸은 할 말을 잃고 말았다.

포칸이 참석한 협의회에서는 몇몇 주에서 이미 통과된 법률에 대한 설명과 협의가 있었고, 마침 주(州)가 민간 교육비즈니스에도 적용할 수 있는 장애아용 특별장학금의 구도를 설정하는 모델법안이 논의되었다.

배부된 모델법안 문서를 가지고 위스콘신으로 돌아온 포칸은 충격적인 경험을 하게 된다. 그 후 의회에 제출된 법안이 ALEC에서 받은 모델법안의 내용과 판박이처럼 똑같았던 것이다. 위스콘신 주의회에서 이 법안을 지지한 26명의 의원은 모두 ALEC 회원이었다.

"그 법안은 언뜻 보면 순수하게 아이들을 위해 만들어진 내용처럼 보입니다. 그런데 그것이 만들어진 배경을 짚어보면서 내용을 다시 잘 읽어보세요. 그럼 거기에 다른 의도가 있다는 걸 알게 될 겁니다."

그 모델법안은 AFC(미국아동연맹)에 의해 작성된 것이었다. AFC는 교육의 민영화, 바우처제도, 교육비즈니스에 대한 공적예산 지출 등을 추진하는 단체다. 교육의 민영화는 ALEC가 내건 8대 테마 중 하나로, 차터스쿨 창설에 주력하고 있는 월튼 패밀리 재단이나 빌&멜린다 게이츠 재단, 온라인교육의 커넥션즈아카데미 등의 기업이 후원하고 있다.

위스콘신 주의회에 제출된 법안 조문에는 ALEC가 교육 부문에서 빈번히 사용하는 슬로건인 "학교 선택제", "부모에게 선택의 자유를!"이 그대로 기재되어 있었다. 만일 이 법안이 성립되면 장애아이 1명당 1만 3,500달러가 나라에서 지급되는데, 이것을 민간 차터스쿨에도 사용할 수 있도록 부모에게 학교를 선택할 자유가 주어지게 된다.

포칸은 모델법안 문서를 보여주면서 회의장에 있는 의원들에게 이렇게 호소했다.

"보십시오, 이것은 아이들을 위한 것이 아니라 교육비즈니스를 위한 법안입니다. 기업에 의한, 기업이익을 위한 법이란 말입니다."

결국 이 법안은 위스콘신에서는 하원을 통과하고, 상원에서 부결되었다.

하지만 ALEC의 모델법안은 1개 주에서 실패하더라도 거미줄처럼 사방팔방의 주에서 제출된다는 것이 최대의 강점이다. 이 법안은 오하이오, 노스캐롤라이나, 오클라호마, 루이지애나, 테네시 등 각지에서 성립되었다. 테네시에서는 '온라인공립학교법'도 함께 도입되었는데, ALEC 회원으로 법안 초고에 착수한 온라인교육 전문 기업 2개 사가 주정부 예산을 획득했다.

포칸은 8월에 참가한 협의회에 대한 인상을 '기업과 정치가의 짝짓기 파티' 같았다고 말한다.

"인기 없는 독신자(기업)가 자신의 꿈을 이뤄줄 멋진 파트너(주의 회 의원)를 찾아 모여듭니다. 물론 고액의 입회비와 여러 가지 비용이 들지만, 호화로운 호텔에서 맛있는 식사를 하며 며칠에 걸쳐 서로의 공통 관심사에 대해, 한 손에 와인 잔을 들고 천천히 대화를 나눌 기회를 가질 수 있어요. 그러는 동안 참가자 전원은 자기에게 딱 맞는 상대를 찾아낼 수 있게 됩니다."

'이민배척법'으로 꽃피는
교도소산업

ALEC는 과거 수십년간 미국 내의 모든 분야를 기업이 사업하기 쉬운 환경으로 만들기 위한 노력을 게을리 하지 않았다. 1990년대부터 급속히 꽃을 피우기 시작한 교도소산업도 그중 하나일 것이다. 세계 최대의 수용률을 유지하는 미국의 수감인구는 1970년부터 2010년까지 40년간 772%가 증가해 지금은 600만 명이 넘는다. 경제가 황폐해지는 가운데 이 산업의 확실한 성장은 ALEC의 끊임없는 노력의 결실이었다.

민영 교도소산업의 대표주자는 미국 최대 경정(更正)기업인 CCA와 GEO그룹 2개 사다. 그들은 ALEC 기업회원으로 꾸준히 활동하면서, 1993년 텍사스의 회원 레이 알렉 하원의원에게 교도소 노동에 대한 기업 참여를 허가하는 텍사스교도소산업법(Texas Prison Industries Act)을 제출하게 하고 법제화에 성공한다. 이 ALEC 모델 법안은 그 후 미국 각 주에서 차근차근 주법(州法)으로 성립했고, 1995년에는 급기야 교도소산업의 규제당국을 미국 사법부에서 민간인 교정산업협회로 옮기는 데 성공했다.

그것을 계기로 그때까지 국내 혹은 제3국의 노동자를 고용하던 기업의 고용은 사실상 규제가 없어진 최저시급 17센트의 수감노동자로 바뀌게 된다.

ALEC에 의해 창출된 이 새로운 비즈니스 기회는 현재 10만 명이 넘는 거대시장으로 성장했다.

민간기업에만 적용하는 건 아깝다. 도로건설 등의 공공사업에도 노동법이 적용되지 않는 무급의 수감자를 이용하면 주(州) 재정상 상당한 비용이 절약되지 않을까?

그런 이유로 가장 먼저 공공사업에 민영 교도소산업이 참여할 수 있는 길을 연 것은 위스콘신 주의 스콧 워커 지사다. 별명이 'ALEC 모범회원'인 워커는 후원 조치도 잊지 않았다. 충분한 수감노동자 확보를 위해 '약물단속법' 엄벌과 '복역연장법'을 더불어 통과시킨 것이다. 이러한 움직임은 ALEC의 형산(刑産)복합체 기업회원들을 만족시키기에 충분했고, 워커는 그 대가로 거액의 기부금을 받았다.

교도소산업은 계약 중인 민간기업의 브랜드 이미지를 배려해서 매스컴 대책에는 특별히 세심한 주의를 기울였다. 그 때문에 대부분의 국민은 국내에서 점차 감소하는 고용이 도대체 어디로 사라졌는지 배경을 알 길이 없었다.

월스트리트의 투자가들도 이 절호의 비즈니스 기회를 놓치지 않았다.

민영 교도소산업에서 파생된 '교도소 리츠(REITs, 부동산투자신탁)'는 순식간에 인기상품이 되어 지금도 미국 전역으로 전파되고 있다. 2000년에는 플로리다 주가 교도소산업투자신탁법(Prison Industries Trust Fund Act)을 성립시킴으로써 이 새로운 시장을 한층 더 윤택하게 만들었다.

2001년 9월 11일 동시다발 테러 이후, 미국 정부는 치안유지라는 명목으로 외국인에 대한 규제와 엄벌화를 추진했다. ALEC에 깊이 관여하고 있던 부시 정권하의 각료들도 빈틈없는 움직임으로 그에 보조를 맞추었다.

2006년 8월, ICE(이민세관국)는 이민법을 개정하고, 부정이민은 전원 법정출두일까지 구금하도록 의무화했다. 이로써 교도소산업의 CCA 사는 단번에 시장이 확대되었다. CCA가 이민국과 국토안전보장부에 들인 로비활동비 350만 달러에 대한 대가로는 만족하고도 남을 만한 일이 아닐까?

민영 교도소의 현상조사와 정보공개 사이트인 'The Business of Detention Reports'의 자료에 따르면, 2002년부터 2007년까지만 보더라도 CCA의 주가는 경이로운 속도로 5배 이상 상승했고, 2013년 현재도 성장을 거듭하고 있다.

2010년 애리조나 주는 ALEC 모델법안 중 하나인 이민배척법(SB1070)을 가결시켰다. 이 법안의 초고에는 전술한 CCA, ABC(미국보석금연합)와 그 산하의 보석금투자신탁업계, 도주범포획서비스업계, 그리고 NRA가 가담해 이들 업계의 이익에 크게 공헌하는 내용이 명기되어 있었다.

① 이민에 대한 합법적 체류증명서 휴대의무화

② 불법이민의 구직·취업 위법화

③ 불법체류의 용의가 있는 이민은 영장 없이 체포 가능

ICE는 이민자 수용 업무를 공기업에서 민간에 위양하는 것을 추진해, 현재 수용자의 17%를 청부업자에게 위탁하고 있다. 지자체는 피수용자를 지역시설에 수용하면 연방정부로부터 돈을 받기 때문에 수용인 수가 증가하는 것에는 적극 찬성이다.

이 법률은 2012년 최고재판소에서 위헌판결이 내려졌음에도 불구하고, 체포요건 완화로 시장이 확대된 형산복합체의 주가는 뚜렷하게 상승했다.

은행은 시장확대를 위한 융자를 아끼지 않았고 투자가들은 어마어마한 이익이 예상되는 교도소산업의 금융상품에 적극적으로 자금을 투자했다.

식품과 산업복합체가 수직통합으로 과점화하던 과정과 마찬가지로, 여기에서도 역시 봇물 같은 자금의 흐름이 시장확대의 뒤를 밀어주었다.

교도소산업은 시장확대를 꿈꾸는 기업과 비용절감을 원하는 지자체 의원의 이해가 정확히 들어맞은 산업이다. 법인과 의원, 그 각각의 ALEC 회원이 성공적으로 연대해서 이 산업을 한층 더 확대시키기 위한 모델법안을 차근차근 작성해가고 있다. 형의 경중에 상관없이 세 번째에는 종신형이 선고되는 삼진아웃법(Three

Strike Out Law)이나 형기의 85%를 마칠 때까지는 가석방시키지 않는 '진정한 형기법'(Truth in Sentence Act), 학교 측이 사전에 규율과 징계규정을 명시하고 그를 위반한 학생은 예외 없이 처분하는 '무관용원칙'(Zero Tolerance) 등은 모두 ALEC 의원이 많은 주에서 성립되었고, 교도소 수감자 증가와 기업이익 확대에 크게 공헌했다.

과거 20년 동안 총 12건의 모델법안을 작성한 ABC가 전력을 다한 것은 가석방시스템의 민영화다. 미국에서는 음주운전 등으로 체포되면 바로 유치장으로 보내진다. 유치장에서 나오기 위해 필요한 몇천 달러의 보석금은 일반인에게는 쉽게 구할 수 있는 돈이 아니기 때문에 그것을 대납해주고 이자를 벌어들이는 것이 보석금대납 사업이다.

주마다 차이는 있지만 통상 이 보석금은 지자체가 용의자의 지불능력을 고려해 설정한다. ABC가 추진하고 있는 것은 이것을 시스템별로 완전히 민영화함으로써 보석금대납업자가 보다 효율적으로 이익을 얻을 수 있게 하는 모델법안이다.

연방과 주가 엄벌화를 추진해 공공사업 공사에 무임이나 다름없는 교도소 수감노동자를 사용함으로써 더 많은 공장들이 폐쇄되고 조합노동자의 실업이 가속화된다. 이는 주(州)와 기업 모두에게 더할 수 없이 멋진 계획이다.

규제완화가 사업확대에 공헌하는 반면, 시장의 성장을 저지하는 최대의 장해물은 정부개입과 규제를 강화하는 법 개정일 것이다.

CCA의 2010년도 보고서에는 양형(量刑)을 완화하는 모든 법률을 기업이익을 저해하는 위험요소로 보고 다음과 같은 경고가 명기되어 있다.

"우리 기업의 시설과 서비스에 대한 수요는 가석방 기준과 양형 집행의 관용화 혹은 현 형법에 있어서 특정 활동의 비범죄화로 인해 이익을 손해볼 가능성이 있다. 예컨대 마약이나 약물, 불법이주에 대한 벌칙완화는 교도소나 교정시설의 수용인원수를 감소시키고 말 것이다.

비폭력범죄에 대한 최소형벌을 한층 더 완화시키고, 구치된 자가 규범적 행동을 하면 조기석방시킨다는 등의 법안도 요주의다. 범죄자를 투옥하는 대신 전자화된 칩을 착용하게 함으로써 보호관찰 하에 둔다는 법안도 심의 중인데, 그런 사법의 관대함과 양형삭감은 우리 비즈니스모델을 심각하게 위협하는 내용임에 다름없다."

번영 중인 비즈니스를 후퇴시키지 않기 위해서라도 기업에게 있어서 ALEC의 중요성은 해마다 증가하고 있다.

급기야 기업의 정치기금이
무제한으로

2010년 1월.

미국의 정치체계를 근본부터 흔들어놓은 사건이 발생했다.

보수파 주도의 최고재판소가 '기업이 지불하는 선거광고비를 제한하는 것은 언론의 자유에 반한다'며 5대4로 위헌판결을 내려서, 기업의 기부금 상한이 사실상 철폐된 것이다.

이 판결은 기업도 유권자와 동등하게 정치에 의향을 밝힐 권리가 있다는 의미에서 '시민연합(Citizens United) 판결'이라고 불린다.

이로써 이익단체는 그들이 원하는 후보를 지지하거나 원치 않는 후보를 떨어뜨릴 광고비 명목으로 정치기금을 무제한 기부할 수 있게 되었다.

텍사스 주 포트워스에 거주하는 조사저널리스트 알렌 클럽튼은, 이 판결은 1980년대부터 매해 퇴색하고 있는 2대 정당의 대립축을 완전히 없애버릴 것이라고 말한다.

"미국 국민에게는 결국 부자에게 매수된 작은 정부를 선택할 것이냐, 아니면 부자에게 매수된 큰 정부를 선택할 것이냐 하는 양자택일밖에 남아 있지 않습니다."

이 판결에는 미국의 정치를 크게 바꿔놓을 또 하나의 요소가 숨어 있었다. 미국 국적이 아닌 외국기업이라도 PAC(정치활동위원회)라는 민간단체를 통하기만 하면 익명으로 기부금을 낼 수 있게 되었다는 것이다. 이것으로 세계 어느 곳에서나 미국의 정책에 영향을 미칠 수 있게 된다.

"이 판결은 미국의 역사를 정말 심각한 형태로 바꿔놓았습니다. 미국 정치는 더이상 미국 국민만의 것이 아니게 될지도 모릅니다."

알렌의 그런 우려는 머지않아 현실이 되었다.

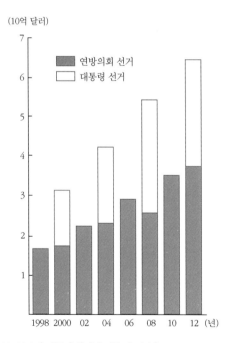

1998~2012년 미국의 선거 총비용 추이 (자료 : OpenSecrets.org)

세계의 모든 부유층이
미국의 정책에 개입할 수 있다

이 판결을 환영한 업계 중 하나가 API(미국석유협회)다. 이 협회는 2010년 5월에 하원에서 성립했다가 7월 심의에서 중지된 '온실가스 배출량을 규제하는 미국에너지법안'(HR2454)이라는 폐안을 살리기 위해 730만 달러의 로비 비용을 한창 투자하던 중이었다.

《워싱턴포스트》의 자료에 따르면, API의 연회비는 2,000만 달러이고, 최대 출자자는 '사우디정제'라는 회사의 미국 지사장인 토피그 알 가브사니다. 그리고 사우디정제는 사우디아라비아 정부가 소유한 석유회사 아람코 산하의 회사다. API의 회원기업 400개 사는 고작 3개 사의 대표임원에 의해 구분되어 있다. 엑슨모빌의 CEO, 코노코필립스의 CEO, 그리고 가브사니다. 그전까지 미국의 연방법은 외국기업이나 외국 국적을 가진 자의 정치기부금을 금지했는데, 익명기부를 가능케 한 시민연합 판결 덕분에 사우디아라비아 정부의 업계 로비스트인 가브사니도 굳이 기업명을 밝히지 않으면서 원하는 만큼 기부금을 낼 수 있게 되었다.

그 결과 오바마 정권의 공약이었던 그린뉴딜 정책에 따른 환경규제법안들이 API가 지원하는 80%의 공화당의원들의 반대표로 인해 줄줄이 무효화되었다. 그 후 아람코는 텍사스 아서항에 새로운 정유공장을 건설하고 사우디아라비아에서 수입해온 석유와 미국 내 석유정제 사업으로 크나큰 수익을 올렸다.

석유뿐만 아니라 여러 분야에서 기업의 정치적 영향력을 단번에 확대시킨 것은 각 업계의 동업자단체다. 시민연합 판결 이후 제약업계의 동업자단체 정치기부금은 2008년의 20만 달러에서 2010년에는 1,000만 달러로 비약했다. 부동산업계도 2008년에 비해 2010년 정치기부금이 110만 달러 증가했다.

시민연합 판결은 아람코뿐 아니라 외자계 기업에게 미국 정부의 정책에 강력한 영향력을 행사할 수 있는 문을 열어주었다. API 같은 협회는 여러 곳이 있는데, 듀폰이나 다우케미컬, 벨기에의 화학제조 회사인 솔베이, 일본의 다이킨공업 등 세계 각지의 대기업을 대표하는 수많은 협회가 미국 정부의 정책에 영향력을 미치고 있다.

선거란 효율적인 투자다

시민연합 판결 후 다량의 정치기부금이 봇물 터지듯 콸콸 정계로 쏟아지기 시작했다.

2010년 중간선거에 투입된 총액은 8,038만 8,954달러. 공화당으로 제공된 액수는 4,454만 8,623달러이고, 민주당으로는 3,584만 331달러가 갔다. 2012년의 대통령 선거와 상하원 선거에서는 총액 60억 달러라는, 미국 역사상 최고 기록을 갱신했다.

한편 인디애나 주 공화당위원회 위원으로 이 판결에 선도적인 역할을 한 변호사 제임스 팝은 시민연합 판결은 정당하며 지금의 미국에 꼭 필요한 조치라고 주장한다.

"지금까지 정부규제가 더 이상한 겁니다. 연간 2만 5,000달러라는 돈으로 정당이 움직일 수 있습니까? 그리고 정치가 기업에 지배당한다고들 하는데, 최종적인 선택권은 아직 유권자에게 있습니다. 자기와 생각이 다른 기업이 기부금을 주는 후보가 있다면, 그 반대쪽 후보자를 지지하면 그만입니다. 미국 유권자 대부분은 부통령의 이름조차 모릅니다. 대다수 주민은 자기가 사는 곳의 주의회 의원 얼굴도 모를 겁니다."

대부호만이 유리해지는 게 아니냐는 불안의 목소리에도 팝은 근거 없는 소리라고 일축한다.

시민연합 판결을 반대하는 팻말
(자료 : thepoliticalcarnival.net)

"정말 말도 안되는 망상입니다. 대부호 중에는 공화당원도 있고 민주당원도 있어요. 오히려 민주당원 쪽이 더 많지요. 이 나라의 정치사를 돌아보세요. 역대 후보자들 중 대부호의 기부금을 더 많이 받은 게 어느 쪽인지. 민주당 후보입니다."

한때 정치투자이론을 연구하던 정치학자 토머스 퍼거슨은 미국의 선거제도에 대해 이런 명언을 남겼다.

"선거란 국가의 지배권을 건 효율적인 투자다."

기업의 의사표시가 무제한으로 보호받은 결과, 선거는 유력기업과 그 의향을 대표하는 컨설턴트, 광고대리점, 여론조사 회사가 연출하는 거대한 극장이 되었다.

148만 건의 선거광고비로
웃음이 끊이지 않는 방송국

정치와 유권자 사이에 존재하는 거리를 더 멀게 바꿔버린 시민연합 판결에 대해 아직까지도 대부분의 국민이 모르는 것은 왜일까?

《롤링스톤》의 편집위원인 팀 디켄슨은 그 이유를 이렇게 말한다.

"주요 방송국이 침묵하고 있기 때문입니다. 시민연합 판결의 가장 큰 수혜자가 그들이니까요."

2008년에 5억 달러였던 선거광고비는 2012년에 8배 이상인 42억 달러로 치솟았다. 시민연합 판결 후 2010년 첫 중간선거에서는 선거 전 한 날 동안 148만 건, 투표일 전날 내보낸 광고방송 수는 그때까지 최고치인 11만 건이었다.

"시민연합 판결 이후 기업이 됐든 개인이 됐든 몇억, 몇조 달러라도 무제한으로 모금할 수 있고, 모금한 총액도 기부자 이름도 일절 공개하지 않아도 되게 되었습니다. 설령 거대 다국적기업이 한 후보자를 전적으로 밀어준다고 해도 국민은 전혀 알 수가 없어요. 슈퍼PAC(특별정치활동위원회)는 표면적으로는 후보자와 관계가 없는 단체이기 때문에, 라이벌 후보에 대한 근거 없는 추악한 흑색선전을 흘려보내더라도 후보자 본인은 자기하고는 '전혀 무관하다'고 말할 수 있는 겁니다. 그러니 갈수록 심해질 수밖에요."

2012년 대통령 선거에서는 버락 오바마 측이 4억 6,000만 달러, 미트 롬니 측이 3억 6,000만 달러의 광고비를 사용했다. 상대 후보를 중상모략하는 흑색선전이 전체의 90%를 차지했다. 방송국은 정치가 본인이나 당의 선거광고에는 광고비를 할인해줘야만 하는데, 슈퍼PAC가 의뢰한 광고에는 통상의 요금을 청구할 수 있다. 그리고 2010년의 시민연합 판결 이래 무제한 혹은 익명으로 자금을 모을 수 있게 된 슈퍼PAC의 광고비가 차지하는 비율이 극적으로 확대된 것은 방송국에게는 더할 나위 없이 좋은 낭보 중의 낭보였다.

"방송국과 대기업 스폰서의 유착이 제한 없이 비대해지는 것에 위기감을 느낀 FCC(미국 연방통신위원회)가 대기업 방송국인 ABC, CBS, NBC, FOX 채널에 정치광고 수입을 공표하도록 권고했는데, NAB(전미방송협회)가 케이블방송국 등 영세 방송국의 경영을 방해할지 모른다고 반론하며 즉시 긴급면책을 요구했습니다. 전체의 40%를 점유한 격전지역의 지역방송국 광고비는 이 규칙의 적용대상이 아니고요. 어쨌든 한 번의 선거에서 148만 건의 광고방송이라니! 방송국은 좋아 죽을 일이죠."

"국민은 이런 선거자금법의 변화에 대해 얼마나 알고 있을까요?"

"유권자들은 대부분 선거자금이 어디에서 와서 어떻게 처리되는지조차 모릅니다. 문제는 텔레비전 광고방송이 유권자들에게 심어주는 것은 '지식'이 아니라 '이미지'라는 겁니다. 대량으로 내보내는 흑색선전은 광고회사가 영상과 음향으로 만들어낸 후보자의 이미지를 유권자의 피부감각을 통해 주입시킵니다. 보통 사람들은 텔레비전 광고를 볼 때, 이것이 누가 어디에 돈을 얼마나 내서 어떤 식으로 만들어진 광고인지에 대해서 전혀 관심을 갖지 않습니다."

기부금의 출처를 알면
당선 후의 정책을 알 수 있다

　　1980년대부터 가속화된 규제완화와 민영화, 수직통합, 정부와 기업 간의 회전문인사, ALEC, 그리고 시민연합 판결 등 일련의 움직임들이 미국을 '통치정치'로부터 '금권정치'로 바꾸어놓았다. 과점화로 인해 거대화된 다국적기업은 입법부를 등에 업고 선거와 매스미디어를 매수함으로써 더더욱 효율적으로 그 규모를 확대해 나가고 있다.

　　"가장 큰 문제는, 그러한 움직임이 국민들이 모르는 은밀한 곳에서 급속도로 이뤄지고 있다는 겁니다."

　　2010년 중간선거에서 캘리포니아 주의 제3당 주의회 의원으로 입후보한 질 스타인은 말한다.

　　"대기업은 흡수나 합병을 통해 거대해질수록 낭비가 없어지고 체계적으로 운영됩니다. 이런 움직임이 해마다 가속화되고 있음에도 불구하고, 너무나 세련되게 진행되기 때문에 국민의 의식은 이를 따라가지 못해요. 그 시차를 매스컴은 또다시 이용하는 겁니다."

　　"어떤 식으로 이용한다는 말씀이신지요?"

　　"예를 들면, 선거시기가 될 때마다 매스컴은 미국에 여전히 2대

정당제가 기능하고 있는 것처럼 이미지를 심어놓습니다. 보수 대 자유, 공화당 대 민주당, 레드스테이트 대 블루스테이트 등등 말이죠. 대중은 알기 쉬운 구도를 좋아하고, 광고방송도 2개의 대립축을 부추기도록 만들어져요. 국민의 감정을 고양시킬 수 있게 디자인되어 있다는 겁니다."

"그에 따른 폐해가 있다면 어떤 걸까요?"

"매스컴과 정치가가 국민에게 보여주는 이미지와 실제로 일어나고 있는 사건 사이의 차이입니다. 2012년 대통령 선거에서는 1%의 대표인 롬니가 금권정치의 상징이고 오바마는 그 반대인 통치정치의 상징인 듯한 이미지가 텔레비전 화면을 통해서 자유파들 사이에 퍼졌습니다. 롬니에게 반감을 갖게 된 대부분의 자유파들은 금세 잊어버렸어요. 오바마 대통령이 2008년 취임 직후 국민의 세금을 도대체 어디에 썼는지를."

정치자금 감시단체 사이트인 오픈시크릿(OpenSecrets.org)은 2008년, 오바마 대통령이 공적자금 투입을 실시한 대형 보험회사 AIG한테서 선거 때 10만 4,332달러의 기부금을 받았다는 사실을 공표했다.

"세금에서 1,730억 달러나 되는 공적자금을 받아 간신히 파산을 면한 AIG는, 그 후 간부에게 1억 6,500만 달러, 종업원에게 2억 3,000만 달러의 보너스를 지불함으로써 국민들의 분노를 샀습니다. 국내 실업률이 10%가 넘는 마당에, 구제금이 일반시민이나 중소기업이 아니라 금융기관 간부에게 흘러간 겁니다. 그 행선지는 오바마 대통령의 선거 스폰서 명단과 정확히 일치합니다."

정치기부금의 내역을 보면 확실히 당선 후의 정책과 정확히 결부되어 있음을 알 수 있다. 2008년 오바마 측에 기부금을 낸 목록 중 상위를 차지한 것은 대형 금융기관이다. AIG가 받은 공적자금 중에서 절반을 가져간, AIG의 대주주이며 최대 채권자인 골드만삭스는 오바마의 기부금 출처 목록 중 제2위에 해당한다.

회전문인사도 매년 돌아가는 횟수가 늘고 있다.

정치와 업계의 관계성 등을 조사하는 시민단체인 '책임 있는 정치 센터'의 자료에 따르면, 오바마가 대통령에 취임한 2009년부터 2010년 사이에 금융업계와 정부 사이의 회전문인사가 초고속으로 돌아갔다고 한다. 정부관계자 1,447명이 오바마 선거기부금의 거물급 스폰서인 은행, 증권회사, 보험회사, 부동산회사 등의 로비스트로 전직한 한편, 업계 출신 인사들이 줄줄이 각료로 지명되었다. '로비스트의 입각을 금지한다'는 선거기간 중의 공약은 보기 좋게 깨졌다.

"금융업계만 그런 게 아닙니다. 군수산업에 대한 대가로 오바마 대통령은 취임 직후 아프가니스탄에 미군 파병을 늘렸으며, 임기 중 줄곧 이라크와 아프가니스탄에 군대를 파병하고 있습니다. 의료산업복합체에는 민간 의료보험 가입을 의무화하는 오바마 케어를 도입했고, 교육산업에는 차터스쿨과 교육비즈니스 추진 정책, 식품산업복합체에는 몬산토보호법 등 정말 헤아릴 수 없을 지경입니다. 거대 다국적기업과 정부 간의 회전문인사는 이제 워싱턴에서 상식이 되고 말았습니다. 해를 거듭할수록 문이 돌아가는 빈도가 잦아지고 있습니다."

"그러한 경향과 매스컴이 그리는 2대 정당, 레드와 블루의 대립축 사이의 관계는 어떤 건가요?"

"대립축은 진실을 감추기에 그만인 수단이죠. 기업에 의한 금권정치는 이제는 공화당뿐만 아니라 민주당에도 해당되는 이야기입니다. 그리고 어마어마한 금액의 선거기부금이 승패뿐만 아니라 그 이후의 대통령이나 주의회 의원의 정책까지 지배한다는 사실을 국민들은 보지 못하고 있습니다. 선거 당시 받은 금액이 크면 클수록, 기부금의 출처인 산업계의 의향에 반하는 순간 다음 선거에서 다시는 이길 수 없게 되는 거죠. 대통령도 마찬가집니다. 선거 중 어떤 공약을 내세웠든, 스폰서의 의향에 맞지 않으면 상하양원의 승인을 얻을 수도 없어요. 아시겠어요? 정치가도 매스컴도 매수되고 있는 지금, 미국의 민주주의는 몇 년에 한 번씩 개최되는 대규모 정치쇼가 되어버렸습니다."

티파티 그늘에 가려진 스폰서

2012년 대통령 선거에서는 금융업계로 거액의 공적자금이 투입되는 것에 반발한 보수파의 티파티(작은 정부를 지향하면서 세금감시 활동을 펼치는 보수단체 – 옮긴이)도 영향력을 발휘했다.

그런데 그 이야기를 꺼내자 질 스타인은 쓴웃음을 지으며 고개를 저었다.

"티파티는 탄생 당시, 나중에 2011년 말 뉴욕에서 발생한 '오큐파이 월스트리트'('월스트리트를 점령하라'는 뜻으로, 빈부격차 심화와 금융기관의 부도덕성에 반발해 일어난 시위 – 옮긴이) 운동과 기본바탕이 같았습니다. 둘 다 1%의 의향에 의한 정부의 폭주에 항의하면서 시작되었으니까요. 그런데 업계의 대응은 민첩했어요. 우파의 거물이면서 ALEC의 최대 스폰서이기도 한 거대 복합기업의 오너인 코크 형제를 필두로, 1%를 재원으로 한 '프리덤워크스'라는 보수성향의 비영리단체가 순식간에 티파티를 지지하고 나섰습니다. 프리덤워크스는 티파티의 자금원과 회계처리를 장악하고, 훈련된 선거매니저를 각지로 파견해 내부로부터 운동을 유도했습니다. 마찬가지로 1%가 소유하고 있는 FOX 뉴스는 티파티의 움직임을 화려한 형태로 전국에 선전했습니다. 물론 무지하고 과격한 참가자도 많았기 때문에 전원이 조직화된 건 아니었지만, '보수에 의한 순수한 풀뿌리운동'이라는 티파티의 이미지는 매스컴이 만들어낸 것이었습니다."

"2012년 선거는 큰 정부에 반발하는 티파티 운동의 존재에 초점이 맞춰져, 레드와 블루로 분단된 미국이라는 이미지로 그려지고 있었죠."

"레드와 블루로 분단된 미국, 말 그대로입니다. 국민의 의식은 자연히 '보수 대 자유'로 치우치게 됩니다. 하지만 지금의 미국 민주주의는 1%에 의해 모든 것이 매수되고 있습니다. 사법, 행정, 입법, 매스컴……. 1%는 2대 정당 모두에게 투자하기 때문에 누가 이기든 본전은 찾을 수 있어요. 텔레비전 정보를 믿는 국민은 배후에 거대기업이 있다는 건 꿈에도 생각하지 못하고 여전히 적을 잘못 알고 있는 겁니다."

과격한 인물이
진짜 문제에서 눈을 돌리게 한다

2013년 3월 1일, 오바마 대통령은 공화당과 합의를 이루지 못했다며 '강제 세출삭감'을 발표했다.

그로 인해 2013년 9월까지인 7개월 동안 850억 달러가 강제로 삭감되게 되었다. 사회보장과 국방비 중심의 예산을 줄이고 동시에 세금을 증가시킴으로써 파산을 모면하겠다는 정부의 발표에 국민들의 충격은 이만저만이 아니었다.

"오바마 대통령은 중간층을 구제하겠다고 말했습니다. 이토록 경제상황이 어려운데 사회보장을 줄이고 세금까지 늘리면 도저히 살 수가 없어요. 이에 타협하지 않은 공화당은, 약자는 어찌되든 부자만 좋으면 된다고 생각하는 겁니다."

브롱크스의 사회보장사무소에 근무하는 미란다 방크스는 공화당에 대한 분노를 이렇게 터뜨린다.

"오바마의 재선은 1%에게는 큰 타격이었을 겁니다. 자신들의 대표인 롬니가 졌으니까요. 월스트리트의 은행가들이나 글로벌기업은 자신들의 목적이 빗나간 것만큼, 4년 동안 철저하게 오바마 대통령과 민주당을 방해할 작정이겠죠."

"우리는 99%다!" (자료 : Liberation, 2011.10.17)

2012년 대통령 선거 기간 중, 미국의 자유파들은 오바마를 재선시키는 것이 이 무시무시한 양극화를 멈추게 하는 중요한 첫걸음이라고 주장했다.

"지난 4년간 충분히 실망했을 텐데도 대다수 민주당원들은 여전히 오바마에 대한 기대가 높습니다."

오리건 주 포틀랜드에서 오큐파이 운동을 계속하던 폴 마큐벨리는 말한다.

"롬니는 어느 모로 보나 1%의 대표였습니다. 월스트리트의 투자가로 대성공을 거두었고, 전업주부인 아내와 다섯 아들과 호화로운 생활. 그리고 선거 중에는 세금을 내지 않는 빈곤층을 무시하고 경멸하는 듯한 폭언을 반복해서 많은 국민들의 반발을 샀습니다."

그런데 선거전이 펼쳐지는 동안 폴은 문득 이러한 구도에 위화감을 느꼈다고 한다.

"롬니의 과격한 발언을 매스컴이 반복해서 감각적으로 다룸으로써 사람들 마음에 롬니의 악당 이미지가 스며들게 된 겁니다. 대중은 알기 쉬운 선과 악의 구도에 약합니다. 선거전 후반부터 오바마는 99%와 한편이라는 분위기가 퍼지기 시작했습니다. 지난 4년간 오바마 대통령이 1%를 위해 한 수많은 정책들이 더이상 입에 오르내리지 않게 되었어요. 민주당원이나 자유파 사람들은 과거 오바마 정권에 대한 검증보다 지금 눈앞에 있는 롬니에 대한 증오심에 휘둘리고 있었던 겁니다."

"하지만 국민에게는 롬니와 오바마 외에 달리 선택할 여지가 없는 것 아닌가요?"

"맞습니다. 하지만 반드시 기억해야 할 것은, 분노나 충격의 감정에 휘말리면 사람은 정상적인 판단력을 잃게 된다는 겁니다. 이번 재정절벽에 의한 사회보장예산의 강제삭감을 놓고 국민들은 공화당을 비판하고 있습니다."

"공화당과 합의에 이르지 못했기 때문에 어쩔 수 없이 발동했다고 말했죠."

"그건 거짓말이에요. 2011년 여름에 예산 강제삭감에 대한 재정관리법이 성립되었을 때의 일을 기억하세요? 애당초 그것을 제안한 사람은 오바마 대통령입니다."

2011년 여름, 850억 달러의 강제삭감 안을 제안한 것은 오바마 대통령이었다. 하지만 오바마 대통령 자신은 "강제삭감은 내가 낸 안건이 아니"라고 역설하고 있다. 이것을 수상하게 여긴 《워싱턴 포스트》의 밥 우드워드 기자는 이 법률이 오바마 대통령의 안이었다는 사실을 기사화했다. 그러자 당장 국가경제회의의 주임으로부터 기사를 계속 쓰면 후회하게 될 것이라는 메일이 날아왔다고 한다. 하지만 워터게이트 사건을 폭로한 실적을 가진 우드워드에게 협박은 통하지 않았다. 우드워드는 아랑곳하지 않고 계속 기사를 썼고, 당연히 협박메일도 공개했다.

"결국 오바마 대통령은 법안이 자신의 제안이었다는 사실을 마지못해 인정했습니다. 그래 놓고도 여전히 이렇게 말합니다. 사회보장예산 삭감으로 국민이 짊어지게 될 고통은 타협하지 않은 공화당 탓이라고요."

하지만 그것은 앞뒤가 맞지 않는 이야기였다.

전문가의 계산에 따르면, 사회보장세는 적어도 앞으로 수십년은 영향을 받지 않을 거라고 한다.

"티파티나 롬니 후보처럼 이쪽의 감정을 거스르는 존재는, 그 밖의 인물을 온건파로 보이게 하고 훨씬 더 위험한 정책에서 눈을 돌리게 합니다. 2008년에는 암흑의 8년을 상징하는 부시 전 대통령의 존재가 오바마를 구세주처럼 보이게 했고, 그로 인해 우리는 열광했습니다. 하지만 자세히 들여다보면 오바마 대통령도 몇백억 달러라는 기부금을 받았습니다. 자유파는 잊고 있어요. 1%는 2대 정당 모두에게 투자한다는 사실을."

과점화하는 매스컴과
소프트한 뉴스들

　1980년대부터 시작된 규제완화와 시장화 정책에 의한 과점화의 물결은 식품과 농업, 의료와 정치 등과 더불어 또 하나 민주주의의 근간과 연관이 있는 미디어도 변질시키고 있다.

　미디어를 겨냥한 것은 오락산업이다.

　민영방송은 모두 광고방송을 수입원으로 하는 5대 방송네트워크에 지배되고, 그 광고방송 대리점 역시 몇 개 회사가 지배하는 구도가 되었다. 이는 곧 대형 광고대리점을 제압할 수 있는 자금력을 가진 상위 1%가 미국 내의 여론을 조작할 수 있는 힘을 장악하게 되었다는 얘기가 된다.

　"광고대리점의 정책은, 시청자는 곧 소비자이며 뉴스는 곧 상품이라는 겁니다. 당연히 효율적으로 대량생산할 수 있도록 대규모 비용삭감이 시작되었습니다."

　전직《LA타임즈》기자인 알렌 제임스는 이렇게 말한다.

　"매스미디어가 월스트리트의 투자상품 중 하나가 되었을 때 이 나라의 저널리즘은 무너지기 시작했습니다.《LA타임즈》를 매수한 것은 보도가 뭔지도 모르는 부동산 대부호였습니다. 그는 기자들에게 경비삭감을 위해 신문의 지면을 줄이고 광고를 늘리도록 명령했고, 그에 항의한 기자들을 대거 해고했습니다."

1980년대부터 수십년에 걸쳐 저널리스트의 암흑시대가 계속되고 있다고 알렌은 말한다.

"다른 대부분의 업계와 마찬가지로 매스미디어 역시 기업에 매수된 겁니다. 그로 인해 기업에 소속된 미디어가 책임져야 할 대상은, 권력을 감시하는 공공이익에서 주주이익으로 바뀌고 말았습니다."

"대기업의 주가가 상승하는 반면 실제 경제는 악화된다는 양극화에 대해서는 어떻게 생각하나요?"

"지금 미국에서 일어나고 있는 이러한 위기야말로 사실은 더 많이 보도되어야 합니다. 그런데 효율과 비용삭감이라는 경영방침 아래 저널리스트의 실업률도 치솟고 있습니다. 실업자가 넘쳐나고

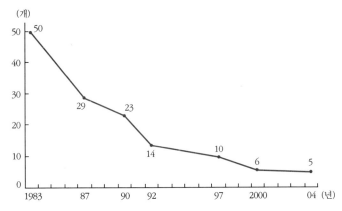

과점화하는 미디어, 미국 주요 미디어(신문, 잡지, 텔레비전·라디오 방송국, 출판, 음악, 영화, 비디오, 통신사, 사진에이전트)의 기업 수 추이
(자료 : Media Reform Information Center)

있어도 현장에 나가 그러한 사실을 보도할 노동기자가 사라지고 없는 실정입니다."

"이런 변화 속에서 기술혁신에 의한 네트미디어의 탄생은 어떤 의미를 갖습니까?"

"네트미디어에 가능성이 있다고들 하는데, 문제의 근본인 이 왜곡된 기업지배의 구도를 먼저 손보는 것이 중요합니다. 안 그러면 금방 또 같은 일이 반복될 테니까요. 실제로 광고주는 블로그의 콘텐츠에 개입하도록 되어 있고, 기업은 키워드를 돈으로 사고, 기업과 깊이 연관된 정부는 애국자법을 필두로 한 여러 가지 감시법에 따라 인터넷의 내용을 검열하고 특정 블로그를 언제든 폐쇄할 수 있는 권한까지 가지고 있으니까요."

문제는 정보전달 기술이 아니라 비즈니스모델 쪽이다.

"과점화로 인해 보도기관의 주주가 엔터테인먼트업계로 바뀌면서 뉴스 보도에 요구되는 내용에는 어떤 변화가 생겼나요?"

"보도에 공공성보다는 오락성이 요구되고 있습니다. 선거기간조차도 윗선의 지시로 90% 이상은 정책을 다루는 딱딱한 내용이 아니라 스캔들이나 광고 중심의 소프트한 뉴스가 차지하게 되었어요. 그 결과 미국의 유권자는 정말로 논의해야 하는 정책에 대해서는 일절 전해듣지 못합니다."

왜 대통령 공개토론에
제3당은 안 나오는가?

2012년 10월. 대통령 선거 보도가 가장 활발하던 공개토론회 도중 비밀문서 한 통이 폭로되었다.

오바마와 롬니 두 사람에게 전달된 21페이지에 달하는 서면에 기재되어 있는 것은 공개토론회에 대한 상세한 규칙이었다.

'사전에 정해진 것 이외의 의제에 대한 언급은 금지', '청중의 질문은 한 번에 한한다. 추가질문은 금지(마이크는 질문 직후 끈다)', '사회자의 추가질문은 금지', '텔레비전 카메라가 후보자의 대답에 대한 청중의 반응을 비추는 것은 금지'

이 문서를 게재한 《타임》의 기사에 많은 국민들이 분노를 표시했다.

그런데 사실은 그전의 대통령 선거에서도 매케인과 오바마 양 진영이 사전담합으로 토론 내용을 상세하게 정해둔 것이 제3기관에 의해 폭로된 바 있었다.

대통령 선거의 주요 요소인 공개토론회에 대해 왜 지금까지 이러한 검증이 이루어지지 않은 것일까? 오클랜드 거주의 전 주의회 의원 후보인 로라 웰즈는 이렇게 말한다.

"국민이 대기업 매스컴 보도에 전혀 의문을 갖지 않기 때문입니다. 국민들은 대부분 토론회에서 어느 쪽이 더 우세하고 어느 쪽 입이 더 거친가 하는 것에 흥분하는, 이른바 쇼 감각으로 보고 있는 겁니다."

대통령 후보들이 여는 공개토론회의 역사는 1960년에 있었던 닉슨과 케네디의 대결로 거슬러올라간다. 토론회를 주관한 것은 유권자를 위해 균형과 공평성을 중시하는 NOW(전미여성연맹)였다.

토론회는 2대 정당을 비롯해 제3정당이나 무소속 후보까지 인선과 테마 모두 균형 있게 설정되어, 참가자 모두에게 평등하게 발언시간이 주어졌다.

2대 정당이 서로 기피하는 정책은 국민의 대변자로 나선 제3당이 채택했다. 미국 사회의 기반이 된 부인참정권이나 노예제 폐지, 아동노동법에 실업수당법, 공립학교 설립 등 많은 우수한 정책들이 모두 제3당의 강한 지원 덕분에 성립되었다.

그런데 이 민주적인 균형이 1987년에 설립된 '독립법인 대통령 토론위원회'의 등장으로 끝을 맺게 된다.

토론회를 주최하는 권리를 손에 넣은 이 법인은 가장 먼저 토론회 수속을 비공개로 하고, 후보자의 참가조건을 '전국 득표율 15%'까지로 대폭 상승조절했다.

"이 조건은 제3당을 배제하는 것을 의미합니다."

웰즈는 말한다.

"유망 후보자로 인정받고 공적조성을 받을 수 있는 득표율은

5%입니다. 즉 원래 그 선을 돌파한 대여섯 명의 후보자가 유권자의 선택을 받을 수 있어야 한다는 거죠."

그 결과 일부를 제외하고 제3당 후보자는 토론회에서 모습을 볼 수 없게 되었다.

토론 내용도 2대 정당이 기본적으로 합의를 끝낸 테마로만 구성되어, 양당의 극히 미미한 차이를 놓고 텔레비전 앞에서 떠들썩하게 논의하는 식이 되었다. 한때 제3당 후보가 언급하던 것 같은, 미군기지 철퇴나 지나친 경제적 격차, 공교육의 중요성 등은 논의의 장에서 사라지고 말았다.

그 배경에도 역시 거대기업에서 흘러든 자금과 인맥이 분명 존재하고 있었다.

대통령토론위원회를 설립한 것은 2대 정당이며, 회장은 2명 모두 대기업의 로비스트다. 그리고 재원은 모두 민간에서 보내주는 기업의 기부금이다. 따라서 토론회의 참가자나 의제, 또 사회자의 질문은 모두 기부금을 낸 기업을 배려하는 내용들로만 채워지게 된다.

"대공황 이후 최악의 양극화 확대, 애국자법과 공교육의 붕괴, 자유무역에 의한 산업의 공동화 등, 지금 국민을 가장 고통스럽게 하고 있는 의제들은 결코 토론회에서 다뤄지지 않았습니다. 왜냐하면 그러한 의제는 기업이익과 깊은 연관이 있기 때문입니다."

기업이 시민운동을
이용한다

850억 달러라는 거액의 포괄적 세출삭감 안을 강력하게 지지한 어떤 시민운동이 있었다. 공화당은 증세에 반대하고 민주당은 사회보장비 삭감에 반대하는 정치적 경직상태가 계속되면, 강제적인 긴축재정이 발동되고 미국경제가 파탄난다. 이런 위기를 감지한 사람들이 나라가 안고 있는 재정적자 삭감 문제를 의회에 건의한 '채무해결(Fix the Debt) 캠페인'이 그것이다.

"초고속으로 증가하고 있는 재정적자를 어떻게 하지 않으면 이 나라는 지속될 수 없게 된다. 임시방편의 응급조치가 아니라, 이 나라의 미래를 위해 적자삭감 대책을 최우선으로 수립하는 것이 야말로 정부의 책임이다."

명확한 메시지를 내건 채무해결 캠페인은 의원이나 기업가, 일반 유권자나 학자 등이 참가한 초당파적인 시민운동으로 전국 각지에서 확대되었다. 그들은 트위터나 페이스북 등 SNS를 이용해 전국의 젊은이와 각지의 의원들에게 강력한 영향을 미쳤다.

그런데 이 운동은 그 후 한 독립미디어의 조사를 통해 배후에 있는 스폰서의 존재가 세상에 폭로된다. 이 운동에는 대기업 투자펀드 블랙스톤의 창설자인 리먼브라더스의 전 회장 피터 피터슨의 5억 달러를 필두로, 그의 생각에 찬동한 대기업 CEO 125명이 각각 거액의 자금을 투입했다. 그들은 2010년 오바마 대통령이 발족시킨 재정적자 대책 자문위원회인 SBC(심프슨보울위원회)의 관계자들이었다.

"방대해지는 재정적자에 대한 대응은 먼저 경제를 자극하면서 거액지출을 줄여가는 것이다. 따라서 기업 감세와 사회보장비 삭감을 결합한 정책을 실행해야 한다."

정치엘리트와 경제계의 대표들이 모인 SBC가 낸 이 제안에 당초 의원들은 대부분 난색을 표했다. 대공황 이후 최악의 실업률과 SNAP가 급증하고 있는 상황에서 그런 정책은 유권자의 반발을 피할 수 없게 만든다. SBC의 제안은 보기 좋게 각하되었다.

재정적자는 양극화된 사회의 어느 쪽에 속하는지에 따라 받아들이는 입장이 전혀 달라진다. 1%층이 생각하는 사회문제의 우선순위는, 그 밖에 있는 대부분의 사람들이 생각하는 것과 완전히 다르다. 하지만 리먼쇼크 이후 부유층에 대한 국민들의 반발은 더할 나위 없이 상승했다. 정공법으로 원하는 것을 얻기란 어려운 일이다. 그래서 그들은 수법을 180도 바꾸었고, 여론의 요구에 맞는 새로운 마케팅전략을 개시했다.

《네이션》의 통신원인 존 니콜라스는 그들의 세련된 움직임을 이렇게 말한다.

"그들은 똑같이 긴축재정을 바랄 것 같은 글로벌기업의 CEO와 대부호들을 모아놓고 이렇게 말했습니다. '의회가 우리 제안을 받아들이지 않으면 여론으로 하여금 의회를 움직이게 하면 된다.'"

참가자들은 SBC의 안건을 극찬하고 기꺼이 새로운 전략을 위한 자금을 기부했다.

먼저 1,000만 명의 서명. 이것은 전문업자에게 돈만 주면 쉽게 얻을 수 있다. 그리고 인터넷을 이용한 세련된 방식으로 젊은 세대의 관심을 이끌어낸다. 불황일 때는 가상의 적이 도움이 된다. 사회에서 온갖 불만을 가지고 있는 그들의 분노를 다른 것으로 돌리는 것이다. 페이스북이나 트위터 등 SNS를 일상으로 하는 젊은이들 사이에 불을 지피면 그다음은 저절로 폭발적으로 확산될 것이다.

머잖아 유튜브에 올린 한 동영상이 확산되었다. 타이틀은 〈젊은이〉. 경쾌한 음악과 함께 대학생인 듯한 목소리로 리드미컬한 내레이션이 흘러나온다.

"트위터 따위 하지 말고 유튜브에서 일어나고 있는 걸 좀 봐. 소셜미디어라는 이 훌륭한 무기를 이용해 서명활동에 동참하자. 일주일에 3명, 하나둘 늘려가자. 지금 하지 않으면 결국 당하게 된다. 노망든 노인들이 이 나라의 자금을 먹어치우고 있다. 서두르지 않으면 금고가 텅 비고 만다. 자, 어서 움직여라……."

그것은 그야말로 치밀하게 계산된, 젊은이들을 향한 쇼크독트린이었다. 미국경제 파산이라는 공포를 부추기고, 세대 간 격차를 강조해서 젊은이들의 피해의식을 고령자에게 돌린다. 안 그래도 생활이 힘든 젊은이들의 분노의 창끝은, 미국의 과도한 양극화를 조장하고 있는 1%와 그것을 지지하는 주주지상주의 정책에서 빗나가게 된다. 젊은이의 미래를 갉아먹고 있는 범인은, 귀중한 세금으로 안일하게 보호받고 있는 고령자와 메디케어로 바꿔치기되어 있었다.

젊은이들 사이에 확산된 이 동영상을 대형 매스컴들도 크게 다루었다. 국회의원은 매스컴과 여론의 동향에 민감하다. 어느새 국가파산을 피하기 위해서는 강제적인 사회보장과 공공서비스 삭감이 필연적이라는 논조가 미국 전역에 침투되었다. 이로써 70만 명이 새롭게 직장을 잃게 된 반면, 1%의 자산은 지금까지와 같은 속도 혹은 그 이상의 속도로 증가하게 될 것이다. 국민의 불만을 흡수하기 위해 2대 정당은 서로에게 죄를 덮어씌우기만 하면 된다.

국가파산과 긴축재정의 문제는 밀려왔다 밀려가는 파도처럼 반복적으로 미국을 덮쳐온다. 과거 여러 차례 발생했을 때의 결과를 돌이켜보면, 1%는 그때마다 자신들이 바라던 바를 확실히 거머쥐었다.

"우리에겐 독립된 매스컴이 필요합니다."

알렌 제임스는 말한다.

"집중화된 대기업 집단에 의해 지배되는 지금 같은 매스컴이 아니고, 단순한 인터넷 미디어도 아닌, 미국 곳곳에서 일고 있는 보통사람들의 목소리와 활동을 전하고 널리 알릴 수 있는 장소 말입니다. 그리고 무엇보다 국민은 2대 정당제라는, 매스컴에 의해 만들어진 환상에서 한시라도 빨리 눈을 떠야 합니다."

"반드시 바뀌어야 하는 것은 정당이 아니라 체제 그 자체라는 말씀이신가요?"

"그렇습니다. 그렇기 때문에 국민은 자신들의 대리자여야 하는 정치가들의 언행을 진지한 눈으로 살펴볼 필요가 있습니다. 한 사람 한 사람 잘 관찰하면 분명 보이는 것이 있을 겁니다. 시민연합 판결 이후 정치가들은 전보다 훨씬 공적으로 분명하게 발언하게 되었습니다. 자기들이 과연 누구 편에 서서 누구를 위해 일하고 있는지 말입니다."

2012년 11월 18일.

당시 힐러리 클린턴 국무장관은 싱가포르대학에서 한 강연 중에, 미국에게 외교란 단순한 투자나 통상조약이라는 좁은 범위의 이야기가 아니라 다른 별개의 것이라고 주장했다.

"지금 세계시장에 참여하고자 하는 기업이, 너무도 많은 곳에서 너무도 불합리한 무역장벽이라는 짓궂은 상황에 직면해 있습니다. 이러한 장벽은 대부분의 경우 순수한 시장원리에서 발생한 것이 아니라 잘못된 정치적 선택에 의해 발생한 것입니다. 그것이 세계 어느 곳이든, 기업이 불공정한 차별에 직면했을 때는 언제든지 자유롭게, 투명하고 공정하게 열린 경제규칙을 확립하기 위해 미합중국은 용기를 가지고 일어설 겁니다. 나는 보잉이나 셰브런, 제너럴모터스, 그리고 기타 많은 훌륭한 기업들을 위해 싸우는 것을 진심으로 자랑스럽게 생각합니다……."

글로벌기업한테서 주권을 되찾자

기업은 모럴보다
손해와 이익으로 움직인다

2013년 3월.

미국 최대의 유기농 슈퍼인 홀푸드마켓은 2018년까지 점내에 들여놓을 모든 GM 농산물과 원료, 그리고 GM 관련 유기물을 사용한 식품에 GM 라벨표시를 하겠다고 발표했다.

매주 한 번은 홀푸드에서 쇼핑을 한다는, 캘리포니아 주 산타바바라에 사는 루이즈 레이에스는 홀푸드의 결정을 이렇게 칭찬한다.

"작년 GM 라벨표시의무화에 대한 주민투표가 애그리비즈니스의 간섭으로 부결되었을 때는 정말 충격이었어요. 미국에서 소비되는 과일과 채소의 80%를 재배하고 있는 캘리포니아 주의 결과가 전국적으로 영향을 미칠 테니까요. 그런데 돈벌이만 생각하는 기업만 있는 게 아니라 제대로 된 모럴을 가진 기업도 있었군요."

2012년 대통령 선거와 동시에 캘리포니아에서 실시된 'GM 라벨표시의무화' 주민투표는, 그때까지 미국 각지에서 여러 차례 제출된 GM 라벨 법안과 마찬가지로 부결되었다. 몬산토를 비롯한 바이오테크놀로지 기업과 식품 대기업, 농약 관련 기업이 4,000만 달러가 넘는 자금을 투입해 부정적 캠페인을 벌인 결과였다. 이는 찬성파의

캘리포니아 주의 GM 라벨표시의무화 주민투표에 반대하는 기업들의 로고

40만 달러보다 100배나 많은 금액이다. '라벨표시로 식품가격이 상승'하리라는 것은 텔레비전이나 광고를 맹신하는 주민들에게 공포심을 심어주기에 그만인 마케팅이었다

"홀푸드가 방침을 180도 바꾼 것은 그로부터 3개월이 지난 뒤였습니다."

독립계 환경저널리스트 마이크 애덤스는 말한다.

"주민투표 바로 직전에 한 환경 NGO가 홀푸드를 비밀리에 수사했습니다. 취급하고 있는 상품에 GM 농산물이 사용되고 있는지 어떤지, 고객으로 가장해서 각지의 점포에서 몇십명의 점원들에게 물어보았어요. 결과는 정말 놀라운 것이었습니다. 글쎄, 상품 전체 중 20~30%에 GM 농산물이 사용되고 있다는 겁니다. 개중에는 '회사 지침에 GM 농산물 사용에 대해서는 외부인에게 절대 말하지 않는다는 규칙이 있어서'라고 말하는 점원도 있었어요. 이 비디오를 유튜브에 올리자 순식간에 삭제되었기 때문에, 자신들이 직접 개설한 전용 사이트에 공개했습니다. 엄청난 반향이 있었고, 홀푸드에는 문의가 빗발쳤다고 합니다."

"그런데 홀푸드는 유기농식품을 중심으로 안전과 환경을 배려한다고 광고하고 있잖아요."

"광고에서는 그렇게 말하지만, 잊어서는 안될 것이 그들도 역시 피라미드 형식의 비즈니스모델 안에서 장사를 하고 있는 회사라는 사실입니다. GM 라벨표시의무화 주민투표 캠페인에는 유기농이나 환경보전을 내거는 단체와 기업들이 기부를 많이 하고 있는데, 홀푸드의 이름은 찬성자 목록에 올라 있지도 않고 단 1달러의 기부금도 내지 않았습니다. GM을 이용한 식품을 라벨표시 없이 판매하고 있는 기업이었으니 당연한 행동이지요."

"동영상의 반응은 어땠나요?"

"반응은 대단했습니다. 우리가 모든 시민미디어 네트워크를 이용해 확산시켰거든요. 홀푸드를 위협하려는 게 아니라, 소비자의 신뢰를 배신하는 행위는 지속될 수 없다는 메시지를 기업에 전달하기 위해서였어요. 그랬더니 홀푸드가 갑자기 GM 라벨표시의무화 주민투표의 찬성자로 태도를 바꾼 겁니다. 그리고 몇 개월 후 홀푸드는 미국에서 최초로 GM 라벨표시를 선언했습니다."

"무엇이 홀푸드의 방침을 전환시켰다고 생각하세요?"

"상업매스컴은 홀푸드가 종래의 정책을 관철시켰다며 용기를

세인트루이스의 한 마을에 붙여진
'오큐파이 몬산토' 로고
(자료 : gmofreemidwest.org)

절찬했지만, 그 정도로 큰 기업이 모럴만 가지고 움직인다면 처음부터 GM 라벨표시의무화 주민투표를 지지하고 자금을 내서 그러한 자세를 어필했을 겁니다. 하지만 실제로는 물밑에서 맹렬한 기세로 확산된 동영상의 영향력이 더 커지기 전에 손을 쓴 거겠죠. 기업의 아킬레스건은 뭐니 뭐니 해도 '이미지'니까요."

홀푸드는 이번의 결단은 어디까지나 '소비자를 위해서'라고 주장할 것이다. 지금의 움직임이 보여주는 진심은 그와 정반대지만, 그래도 홀푸드의 그런 방향전환을 자신들은 전력으로 지원할 생각이라고 마이크는 말한다.

2018년까지 반대쪽의 압력이 반드시 있을 것이다. 그때 계산되는 수지타산 때문에 힘들게 결정한 이 정책전환의 흐름이 후퇴하지 않도록 굳건하게 지키는 것이 미디어와 소비자의 역할이다.

주민투표가 부결된 뒤에도 사람들은 포기하지 않고 계속적으로 활동해서, 2011년 3월에는 '전미 GM 라벨표시를 의무화하는 법안'(S.AMDT.965)이 초당파 의원 대표인 버니 샌더스 상원의원에 의해 제출되었다.

하지만 이것은 2개월 후 또다시 부결된다.

"정치가들은 이미 대부분이 1%에 매수되고 말았습니다."

마이크는 이렇게 단언한다.

"이젠 그 1%의 아킬레스건을 타깃으로 우리 소비자가 힘을 행사할 차례가 온 겁니다."

페이스북이나 트위터, 유튜브 등의 신기술은 양날의 칼이다. 그것은 이익을 위해 대중을 조작하는 1% 측의 마케팅 수단이 되기도 하고, 진실을 전하고 의식개혁을 촉구하는 99% 측의 무기가 되기도 한다.

4,000억 달러라는 거대한 자금력에 고스란히 매수된 상업매스컴은 주민투표를 부결시켰다. 하지만 돈이 아닌 지혜와 입소문의 힘으로 기업을 움직인 시민미디어의 힘은 1%에 대치하는 결코 무시할 수 없는 중요한 힘이 될 것이다.

대형은행에
예금자의 힘을 보여주자

2011년 10월. 맨해튼에서 시작된 오큐파이 월스트리트 운동의 참가자들에게 페이스북을 통해 이런 메시지가 확산되었다.

"안녕하십니까?

한 달 이상에 걸쳐 우리는 오큐파이 운동의 어마어마한 성공을 목격했습니다.

82개 국 1,000개 도시에서 수많은 사람들이 오큐파이 운동에 참가했습니다. 개시로부터 30일이 지난 지금도 그 기세는 꺾일 줄 모릅니다.

이 시점에서 여러분에게 제안이 하나 있습니다.

오는 11월 5일 실시되는 '은행 옮기는 날' 운동에 초대합니다.

오큐파이 운동의 참가자인 여러분에게, 현재 은행계좌에 있는 예금을 모두 찾아서 지방의 신용조합 혹은 지방은행으로 옮겨달라고 말씀드립니다.

우리의 힘으로 이날을 은행가들에게 특별한 날이 되도록 만들어주자 이겁니다.

11월 5일은 그들에게 죽을 때까지 잊을 수 없는 날이 될 것입니다.

우리는 정의의 전사,

우리는 부정을 용서하지 않습니다.

우리는 동지인 여러분과 한 약속을 결코 잊지 않습니다."

제안자는 로스앤젤레스에 사는 27세의 아트갤러리 오너인 크리스틴 크리스찬이다. 계기는 오바마 정권하에서 거액의 공적자금으로 인해 구제된 뱅크오브아메리카가 예금액 2만 달러 이하의 고객에게는 월 5달러의 체크카드 사용료를 부과하겠다고 발표한 것이다. 국민의 세금으로 구제받은 은행이 은혜도 모르고 국민을 더 괴롭히는 폭거에 크리스틴의 분노가 폭발했다. 말없이 당하고만 있으면 폭거는 나날이 심해질 것이다. 국민의 의사를 행동으로 보여줘야 한다. 그렇게 생각한 크리스틴은 민첩하게 행동했다.

크리스틴은 당장 페이스북에 '은행 옮기는 날'이라는 페이지를 신설하고, 메시지를 게재했다.

페이스북의 확산력은 절대적이다. 개시 후 한 달 만에 8만 5,000명 이상이 참가를 표명했고, 결국 70만 명이 은행을 바꿔서 총액 8,000만 달러(약 800억 원)가 대형은행에서 인출되었다.

콜로라도 주 덴버에서는 소액예금자한테만 수수료를 부과하는 대형은행의 방식에 반발한 주민 1,000명이 항의 데모를 실행에 옮겨 주 내의 대형은행에서 신용조합으로 총액 1억 달러가 이동되었다. 미국 신용조합협회에 따르면 각지의 신용조합에 4만 계좌 이

샌디에이고에서 배부된 '은행 옮기는 날'
운동의 스티커

상의 신규계좌가 개설되었
다고 한다.

크리스틴은 맨해튼에 거
점을 둔 공공라디오 '데모
크라시 나우!'에 출연해, 이
번 행동은 방향성이 보이
지 않는 오큐파이 운동의
참가자들에게 중요한 의미가 될 것이라고 말했다.

"우리는 소비자 입장에서, 모럴에 반하는 경영을 하는 기업은 지
원하지 않는다는 분명한 의사표현을 해야 합니다."

1%보다 그것을 지지하는
시스템을 공격하라

"세계 은행들이여, 들어라! 우리가 할 말은 단 하나. 우리는 당신들에게 그 어떤 빚도 없다."

2012년 12월.

1년 전에 시작된 1%에 대한 항의 행동인 오큐파이 운동에 새로운 바람이 불어닥쳤다.

그 이후 미국 국민의 채무는 나날이 확대되고 있다. 미국의 주택대출 중 약 30%가 변제 불가능하고, 7초당 1채의 비율로 집이 은행에 차압당하고 있으며, 국민의 10명 중 4명이 의료비 지불초과에 직면했다. 또 신용카드나 자동차대출금을 웃도는 학자금대출이 2012년 3월 현재 1조 달러에 달하고, 채무자 3,700만 명 중 200만 명은 60세 이상의 고령자다.

"금융피라미드사기 같은 서브프라임 론으로 떼돈을 번 장본인은 7,000억 달러나 되는 세금으로 구제받고, 나머지 99%는 온갖 빚 때문에 고통받고 있습니다. 교육과 의료, 주택 같은 기본적인 공공서비스를 받기 위해 대출을 받아야 한다면, 잘못된 것은 그 시스템입니다. 불합리하게 짊어지게 된 채무에 대해서는 철저하게 저항하기로 결정한 것이 바로 이 '롤링 주빌리'(Rolling Jubilee, 빚 탕감 프로젝트) 운동입니다."

브룩클린에 살면서 이 운동에 관여하고 있는 케빈 반스틴은 말한다.

"지금 전 세계에서 온갖 형태의 불공정한 채무가 늘어나고 있습니다. 높은 수업료 때문에 법이 정한 것 이상의 대출이자를 지불해야 하는 대학생, 한 번의 질병으로 파산하는 환자들, 80세가 넘도록 일자리를 찾아다니며 신용카드로 집세를 내는 고령자, 일을 해도 해도 빚이 늘어만 가는 양계장 생산자 등등. 최근 몇 년 사이에 개인파산 신고조차 하기 힘들어졌기 때문에, 채무자는 영원히 이자 갚느라 쩔쩔매고 원금은 줄지 않는 구렁텅이에 빠지고 말았습니다. 이런 이상한 채무를 만들어낸 것은 다름 아닌 그것으로 이익을 얻고 있는 업계와 정치의 유착 때문임이 분명합니다."

"오큐파이 운동은 1%에 대한 저항으로 시작된 거군요?"

"네, 그렇습니다. 그런데 1년이 지나서야 우리는 알게 되었습니다. 1%를 아무리 비판해도 달라지는 것은 아무것도 없다는 것을요. 그로부터 1년이 지났는데도 99%는 여전히 가난하고, 국민의 76%가 빚을 떠안고 있는데도 1%의 이익은 나날이 늘고만 있어요. 그래서 방법을 바꿨습니다. 그들의 시스템 자체를 공격하는 것으로."

롤링 주빌리 운동의 방식은 이렇다.

학자금대출이나 의료비 부채, 주택대출 등은 은행에서 부실채권으로 1달러당 약 1센트라는 싼값에 팔린다. 채권회수업자가 이것을 매수해 원래의 채무자로부터 징수하는 채권회수비즈니스는 600억 달러 규모의 거대시장이다. 여기서 롤링 주빌리는 콘서트나 온라인 기부로 자금을 모아서 그 부실채권을 사들인다. 채권회수 비즈니스와 다른 점은, 그들처럼 돈을 징수하러 다니는 대신 그대로 파기해버린다는 것이다. 그리고 채무자에게는 짧은 메시지가 달랑 한 줄 적힌 밀봉된 서류가 배달된다.

"축하합니다. 당신의 대출금은 소멸되었습니다."

애당초 5만 달러를 목표로 시작한 모금이, 멤버들의 상상을 초월해 60만 달러가 모였다. 이것은 120만 달러어치의 부실채권을 소멸시킬 수 있는 금액이라고 한다.

케빈은 이 운동의 멤버가 발행해 배부한 책자《채무저항자 매뉴얼》을 작성하는 일에도 가담했다.

"일을 해도 해도 빚을 갚을 수 없는, 끝이 없는 구렁텅이에 빠지고 나면 사람은 나약해집니다. 정부나 매스컴은 틈만 나면 '빌린 것은 돌려줘야 한다'는 메시지를 남발하며 채무자에게 자기책임이라는 의무감을 심어줍니다. 그럼 어떻게 되느냐? 채무자는 자신을 책망하게 되고, 결국 벗어날 수 없을 거라며 인생을 포기하고 말죠."

"죄책감이 그들을 몰아세우는 걸까요?"

"네. 하지만 무엇보다 채무자가 약자일 수밖에 없는 것은, 금융에 관한 기본적인 지식이 결여되어 있고 그래서 판단능력이 없기 때문입니다."

케빈이 배부한 100쪽짜리 《채무저항자 매뉴얼》에는 정당한 형태로 대출 총액을 줄이는 방법과 이 시스템의 문제점, 구제기관 명단, 금융시스템의 변절의 역사, 학자금대출회사가 대학에 지불하는 커미션에 이르기까지, 현 사회에서 필요한 돈에 관한 모든 규칙이 알기 쉽게 설명되어 있다.

발기인 중 한 사람인 문화인류학자 데이비드 그레이버는 현재의 불공정한 채무 시스템에 대한 이러한 저항의 물결은 차후 틀림없이 세계로 확대될 것이라고 말한다.

"특정한 요구를 하지 않는다는 전략을 가지고 있던 오큐파이운동은 하나하나가 제각각이었습니다. 시민운동은 같은 방식을 줄곧 지속하다가 공중분해됩니다. 그렇게 되기 전에 다음 단계로 진화하지 않으면 안됩니다."

롤링 주빌리는 분산되기 시작한 오큐파이 운동을 새로운 목적으로 단단히 결집시키고 있다. 그리고 이런 움직임은 지금 미국을 넘어 급속히 세계 각지로 퍼져나가기 시작했다.

"99%의 대표를 정계로 보내야 합니다."

캘리포니아 주 오클랜드에 거주하는, 한때 주의회 의원 후보이기도 했던 로라 웰즈는 말한다.

"2006년 캘리포니아 주 교외에 있는 인구 10만 명의 마을 리치먼드의 시장 선거에서 실험이 하나 이루어졌습니다. 민주당과 제3당, 그리고 무소속이 모여서 '올리브나무'라고 하는 통일연합을 만들었어요. 상호 정책의 사소한 차이는 미뤄두고 이번에는 단 하나의 목적을 가지고 단결해보자고 말입니다."

"어떤 목적이었나요?"

"기업의 기부금을 일절 받지 않는 후보를 응원한다는 것입니다."

올리브나무 연합은 99%의 대표로 기업 기부금을 거절하겠다고 선언한 게일 맥래프린 무소속 후보를 지원하기로 의견일치를 보았다. 그 무렵 리치먼드 시에서는 세계 최대의 석유기업인 셰브런에게 부과되는 로열티 도입이 시비를 불러일으키고 있었다. 그것이 도입되면 2,000만 달러의 지출이 발생하는 셰브런은 도입에 반대하는 후보에게 6만 7,000달러를 기부하고, 더불어 상대 후보인 게일 맥래프린에 대한 흑색선전에 6만 2,000달러를 투자했다.

맥래프린 측이 풀뿌리운동으로 모금한 총 선거자금은 그것의 25%에 불과한 1만 7,000달러였음에도 불구하고 결과는 맥래프린 당선이었다. '포춘 500'에 들어 있는 기업을 물리친 올리브나무 연합의 승리는 대기업에 의한 정치지배 구조에 학을 뗀 미국 시민들에게 커다란 희망을 안겨주었다.

"리치먼드 시는 셰브런의 아성입니다. 물론 그들은 포기하지 않았습니다. 다음 2010년 선거에서는 기업 측의 후보를 3명이나 내세워 합계 100만 달러의 선거기부금을 투자했습니다. 상업매스컴도 이번에는 올리브나무 연합이 참패할 것이라고 떠들썩하게 보도했습니다."

하지만 셰브런의 후보는 3명 모두 낙선, 이번에도 올리브나무 연

익명의 운동가와 필자 (2012.11)

합이 지지한 기업 기부금 없는 후보 3명이 시장과 시의원으로 각각 당선되었다.

"기업의 막대한 자금력에 올리브나무 연합은 어떻게 대항했습니까?"

"올리브나무는 돈이 없는 대신 수적인 힘으로 맞섰습니다. 검소하고 전통적인 방법입니다만, 정말 한 사람 한 사람이 전화를 걸거나 전단지를 나눠주고, 지역의 가정들을 한 집 한 집 돌면서 이번 선거의 결과가 의미하는 바를 입이 아프게 설명했습니다. 기업 기부금을 받지 않고 99%를 위한 대변자가 될 인재에게 지역공동체의 미래를 맡긴다는 것의 의미를 말이죠."

로라는 현재 자신이 살고 있는 오클랜드 시를 중심으로 기업 기부금 거부 후보를 지원하는 운동을 펼치고 있다. 로라는 역시 캘리포니아 주에서 확대 중인 GM 라벨표시의무에 관한 주민투표도 끝이 아니라 시작이라고 말한다.

"그 주민투표를 보세요. 40억 달러나 투자한 기업에 의해 부결되기는 했지만, 홀푸드를 필두로 GM 식품을 취급하는 기업들이 달라지기 시작했습니다. 선거도 주민투표도 한 번 졌다고 그것으로 끝나는 게 아닙니다. 꾸준한 노력은 눈에 보이지 않는 형태로 우리를 정확히 앞으로 이끌어주고 있습니다. 포기하지 않고 몇 번이고 반복함으로써 무관심한 사람들의 의식을 조금씩 바꿔가는 것은 눈에 보이지 않는 미래에 대한 투자입니다."

과연 미국 국민은 주식회사로 변한 국가에게서 주권을 되찾을 수 있을 것인가?

오하이오 주의 오큐파이 운동에서 만난 익명의 회원이 11월의 차가운 하늘 아래서 나에게 한 말이 생각난다.

"익명의 운동가들은 얼굴이 없다고들 생각하는데, 우리는 양이 아닙니다. 1%의 가치관 안에서 자기의사도 없는 노예로 살아갈 생각은 추호도 없습니다. 포기하고 흐름에 몸을 맡긴다면 그건 지는 겁니다. 먼저 자기의사로 삶의 방식을 선택하겠다는 결심이 서야 합니다. 그들은 국경을 넘어 단결하고 있는데, 그렇다면 우리도 IT라는 무기를 이용해 똘똘 뭉치면 됩니다. 똑똑히 가르쳐주겠습니다. 글로벌라이제이션은 그들만의 전유물이 아니라는 것을."

마치며

경제가 무서운 기세로 인류 역사의 구조를 바꿔가고 있다.

이 시리즈의 첫 책《르포 빈곤대국 아메리카》(2008)에 서술한 부시 정권의 정책은 자유로운 시장이야말로 경제를 번영시킨다는 프리드먼의 이론이 바탕에 깔려 있었다. 정부의 기능은 작으면 작을수록 좋다며 규제완화를 추진하고 교육과 재난시스템, 군대와 첩보기관 등 모든 국가 기능을 점차적으로 시장화하는 정책이다.

하지만 급상승한 전쟁비용과 기업의 감세로 미국내의 양극화는 심화되었고, 나아가 세계를 발칵 뒤집어놓은 미국발 금융위기로 레이건 정권 이후의 신자유주의 만능설에 대해 비판의 목소리가 높아졌다. 불신감은 2008년 정권교체로 이어졌고, "변화!"를 강조하던 오바마 정권에서는 경제정책의 축이 시장에 모든 것을 맡기는 '작은 정부'에서 정부 주도로 경제 재건을 이루겠다는 '큰 정부'로 전환되었다.

《르포 빈곤대국 아메리카 2》(2010)의 오바마 정권하에서는 기대와 달리 국민을 감시하는 정부의 권한이 제일 먼저 강화되었다. 거액의 세금이 대기업과 월스트리트로 흘러드는 반면, 공무원과 정치가들은 보이지 않는 힘에 의해 관리되고 SNAP 수급자 수는 급증했으며 무보험자에게 민간 의료보험 가입을 의무화하는 법률이 제정되었다.

사람들은 지금 의구심에서 헤어나지 못하고 있다. 오바마 정권이 큰 정부라면 왜 양극화는 나날이 가속화하고 있는가? 주가나 고용은 회복되었을 텐데 왜 빈곤의 확대는 멈출 줄 모르고, 의료니 교육이니 연금이니 식품안전이니 사회보장이니 하는, 한때 국가가 제공하던 최저한의 기본서비스가 이제는 국민의 손이 닿지 않는 '사치품'이 되고 만 이유는 무엇인가? 한때 '착한 아메리카'를 지탱하던 중류층과, 노력하면 보상받을 수 있다는 '아메리칸드림'은 대체 어디로 사라져버린 것일까?

민주당이 비판한 '부시의 신자유주의'와, 공화당이 비판하는 '오바마의 사회주의'.

상업매스컴이 제시한 언뜻 간단해 보이는 이 구도는, 과거 30년 동안 변질된 미국의 실체경제에 대한 의문에는 결코 해답을 주지 못할 것이다.

빈곤은 결과다.

현상뿐만 아니라 그 근간에 있는 원인을 쫓다 보면, 지금 미국의 실체경제가 세계 각지에서 벌어지고 있는 현상의 축소판임을 알 수 있다.

경제계의 후원을 등에 업은 미국 정부가 자국민에게 실시하고 있는 일련의 정책들은, TPP 같은 국제조약을 통해 다음에는 세계 여러 나라를 상대로 자행될 것이다.

2013년 2월 28일, 아베 신조 총리는 소신표명 연설에서 이렇게 말했다.

"세계에서 기업이 가장 활약하기 쉬운 나라를 만들겠습니다."

지금 세계에서 진행되고 있는 사건들은 단순한 신자유주의나 사회주의를 초월한 포스트자본주의의 새로운 구조, 즉 '코포라티즘'이라고밖에 달리 표현할 길이 없다.

글로벌라이제이션과 기술혁명으로 세계의 기업들은 국경을 넘어 확장하고 있다. 가격경쟁 속에서 효율화가 추진되고 주주나 경영자, 구입처, 생산자, 판매자, 노동력, 특허, 소비자, 세금대책용 본사 기능에 이르기까지 모든 것들이 다국적화되고 있다. 유동화된 고용이 개발도상국의 인건비를 상승시키고 선진국의 임금은 하락시켜서, 개발도상국과 선진국의 임금격차가 축소되었다. 그 결과 무국적화된 얼굴 없는 1%와 그 밖의 99%라는 양극화가 지금 세계적으로 확산되고 있다.

거대화되어 법의 규제가 장해물이 된 다국적기업은 효율화를 내세우며 국민의 세금인 공적자금을 민간기업에 이양하도록 만드는 새로운 형태로 진화했다. 식산(食産)복합체, 의산(醫産)복합체, 군산(軍産)복합체, 형산(刑産)복합체, 교산(教産)복합체, 석유, 미디어, 금융 등의 업계를 대표해서 로비스트 집단이 정부에 로비활동을 벌인다. 그 결과 기부금이나 낙하산인사의 교환조건으로 기업을 위한 법 개정을 약속받고, 다국적기업은 이로써 '장해물'을 제거할 수 있게 된다.

코포라티즘의 가장 큰 특징은 국민의 주권이 군사력이나 폭력이 아닌, 정치와 유착한 기업들에 의해 합법적으로 박탈당하고 있다는 것이다.

이 시리즈에 등장하는 독점금지법, 글래스스티걸법, 소비자보호법 개정, 아동낙오방지법, 농업법, 의료보험적정가격법, 몬산토보호법 등 그동안에 이루어진 법 개정을 보면 충분히 알 수 있다. 이들이 실시될 때마다 원래의 국가 기능은 해체되고 국민의 선택권도 빼앗겨버렸다.

기업들은 미디어를 통한 이미지 전략으로 공익에 역행하는 법률 내용을 제대로 볼 수 없도록 국민들의 눈을 멀게 했다. 예를 들면 2014년에 시행되는 오바마 케어는 병력에 상관없이 민간 의료보험에 가입하도록 의무화하기 위해 적정가격은커녕 다달이 내는 의료보험료를 지금보다 최대 3배 이상 올려버렸다. IRS의 계산에 따르면 평균적인 4인 가족의 경우 가장 저렴한 보험료는 2만 달러인데, 가입하지 않으면 강제로 은행계좌에서 벌금이 빠져나가게 되어 있다고 한다.

고용주가 제공하도록 되어 있는 단체보험 가입조건도 종업원의 근무시간이 주당 40시간에서 30시간으로 단축되기 때문에, 다수의 국내기업은 이미 거점을 국외로 옮겼거나 정사원을 주 29시간 근무의 파트타임으로 전환하고 있다. 현재 해외이전을 검토 중인, 전체의 4분의 1을 점유하는 160업종의 서비스업은 고용은커녕 실업자 수를 점점 확대해나갈 것이다.

뉴욕에 본부를 둔 의료 NGO '헬스케어 나우'의 직원인 케이티 로빈스는 이 법률 역시 이름과 내용이 180도 다르다고 비판한다.

"오바마 케어는 지금 이미 보험회사 밑에서 일하는 노동자로 전락한 의사들이나 공립병원, 과소지역의 의료를 한층 더 어려움으로 몰아넣게 될 겁니다. 법 외의 가격으로 강요된 의료보험은 무제한 이익을 중시하는 시스템 속에서 의료난민이나 의료파산 인구를 나날이 증가시킵니다. 돈을 버는 것은 이 법률을 열성적으로 지지하는 투자가와 제약회사, 그리고 의료보험회사뿐입니다. 그들의 주가만 급상승하고 있는 게 그 증거입니다."

"그것은 미국의 기업입니까?"

"아니오, 다국적기업들이라고 해야 맞을 겁니다. 예전처럼 무력으로 직접 약탈하는 것이 아니라, 그들은 부(富)가 자동으로 흘러들어오는 구조를 합법적으로 손에 넣은 셈입니다."

그렇다, 국경은 없다. 멕시코나 캐나다, 이라크나 남미, 아프리카나 한국의 예를 보면 알 수 있듯이, 미국에서 출발한 이런 약탈형 비즈니스모델이 세계 각지에서 상당히 효율적인 결과를 낳고 있다. 어느 나라에서나 국민들은 대부분 중요한 열쇠인 '법률'의 변화에 무관심하기 때문이다. TPP나 ACTA, FTA 등의 자유무역을 미국에서 우선적으로 추진한 다국적기업들은, 국내법 개정 때와 다를 바 없는 열정으로 이러한 국제법에 매진하고 있다.

1%에게 국가는 하나의 시장에 불과하며, 국가 단위로 대항할 수 없다는 사실을 깨닫지 못하면 민족주의나 이데올로기, 종교나 사사로운 의견의 차이 등에 휩쓸려 99%는 너무나 간단히 분열되고 만다.

몬산토는 이라크에서 유명해진 민간 군사회사 아카데미(예전의 블랙워터)를 매수했다. 그 후 빌&멜린다 게이츠 재단은 몬산토의 주식 50만 주를 취득했다. 식량, 정보, 군사 세 분야에서 세계 최정상 기업들의 통합은 이러한 흐름을 갈수록 가속화시킬 것이다.

그들이 마련해둔 전략은 바로 다양성에 대한 공격이다.

2013년 5월.

EU 의회는 벌을 죽이는 농약인 네오니코티노이드의 사용을 금지했다. 2년에 걸친 관련 기업의 위협에도 굴하지 않은 시민들이 연관된 나라에 50만 통이나 되는 메일을 보내고 여러 차례 전화를 걸었는가 하면 항의 데모를 거듭했다. 게다가 틈틈이 모은 260만 명의 서명을 전달한 결과, 이윽고 EU 의원으로부터 이런 말을 이끌어냈다.

"당신들 시민은 농약산업계의 로비스트보다 더 위협적입니다."

때를 같이해서 남미의 볼리비아는 USAID를 국외로 추방했다. 이유는 '민주주의에 대한 내정간섭'. 과거 6년 동안 매년 하나씩 국내 산업을 글로벌기업의 손에서 국영으로 되돌려놓은 에보 모랄레스 대통령은 이번 결단을 이렇게 표현했다.

"올해 국민들 손에 되돌려줄 것은 국가의 존엄입니다."

진정으로 가치 있는 것, 반드시 지켜야 할 것은 과연 무엇인가? 국가란 무엇인가? 1%에게 빼앗길 위기에 있는 주권, 인권, 자유, 민주주의, 3권분립 등 결코 숫자로는 측정할 수 없는 가치에 대해 생각할 때다. 시장 안에서 쓰고 버려지는 물건이 아닌, 세상에 둘도 없는 한 개인으로서 이러한 질문을 받았을 때 우리는 과연 어떤 미래를 그릴 것인가?

식품, 교육, 의료, 생활. 이 세상에 태어나 서로 사랑하고 자연과 공생하며 전통과 문화, 그리고 생명에 감사하며 다음 세대에게 바통을 넘겨주는 지극히 당연한 인간다운 삶을 살자고 결심한 99%의 마음은, 욕심으로 뭉쳐진 1%와 마찬가지로 국경을 넘어 하나로 똘똘 뭉치고 있다. 마음을 가진 '개개인의 글로벌라이세이션'은 우리의 주권을 되찾기 위한 강력한 힘이 될 것이다.

2001년의 동시다발 테러 이후 변절하는 미국에 실망한 나에게 이 시리즈를 집필할 기회를 주신 이와나미서점과 담당자 우에다 마리 씨. 그로부터 10여년의 세월이 흘러 세계 정세가 초고속으로 변화하는 가운데 이번 완결편으로 다시 함께 일하게 되어서 정말 기쁩니다. 상상을 초월한 인내력과 철저하게 질을 높이려는 자세에, 이 자리를 빌려 진심으로 감사의 말씀을 전합니다.

이 3부작을 위해 다량의 국내외 자료와 문헌을 참고했습니다. 취재에 협력해주신 많은 분들, 시리즈를 집필하는 내내 세계 각지에서 격려의 편지와 메일을 주신 독자 여러분, 항상 곁에서 응원해준 남편과 어머니, 친구들과 사랑하는 고양이. 결코 포기하지 않고 무력감에 지지 않고 행복한 미래를 꾸준히 상상하는 것이 갖는 강력한 힘, 아무리 사사로운 행동이라도 그것을 향해 가는 한 걸음이라고 믿고 나아가는 것의 가치를 가르쳐준 세계 속의 99% 여러분에게 사랑을 전합니다.

2013년 6월

츠츠미 미카

약어 설명

- ABC : American Bail Coalition 미국보석금연합
- ACTA : Anti-Counterfeiting Trade Agreement 위조품거래 방지에 관한 협정
- AFC : American Federation for Children 미국아동연맹
- AKI : Agricultural Knowledge Initiative 농업지식 이니셔티브
- ALDF : Animal Legal Defense Fund 동물보호기금
- ALEC : American Legislative Exchange Council 미국입법교류협의회
- API : American Petroleum Institute 미국석유협회
- CAC : Codex Alimentarius Commission 국제식품규격위원회
- CAGW : Citizens Against Goverment Waste 정부의 예산낭비에 반대하는 시민들
- CCA : Corrections Corporation of America 코렉션즈 코포레이션 오브 아메리카
- CDC : Centers for Disease Control and Prevention 미국 질병통제예방센터
- CETA : Comprehensive Economic and Trade Agreement 포괄적 경제무역협정

- CFS : Center for Food Safety 식품안전센터
- CPA : Coalition Provisional Authorit 이라크연합국군정당국
- EPA : Environmental Protection Agency 미국 환경보호청
- EU : European Union 유럽연합
- FAO : Food and Agriculture Organization 국제연합식량농업기구
- FCC : Federal Communications Commission 미국 연방통신위원회
- FDA : Food and Drug Administration 미국 식품의약국
- FSIS : Food Safety and Inspection Service 식품안전검사국
- FTA : Free Trade Agreement 자유무역협정
- GDP : Gross Domestic Product 국내총생산
- GM : Genetically Modified 유전자변형
- GMA : Grocery Manufacturers Association 가공식품제조협회
- HACCP : Hazard Analysis Critical Control Point 위해요소 중점관리기준
- HFA : Humaine Farming Association 인간적인 영농 협회
- ICARDA : International Center for Agricultural Research in the Dry Areas 국제건조지역농업연구센터
- ICE : Immigration and Customs Enforcement 이민세관국
- IMF : International Monetary Fund 국제통화기금
- IRS : Internal Revenue Service 미국 국세청
- ISD : Investor-State Dispute 투자자-국가소송제
- NAB : National Association of Broadcasters 전미방송협회
- NAFTA : North American Free Trade Agreement 북미자유무역협정
- NANP : National Association of Nutrition Professionals 전미영양학자협회
- NARMS : National Antimicrobial Resistance Monitoring System 전미약제내성감시시스템
- NGO : Non-Governmental Organization 비정부기구
- NIH : National Institutes of Health 미국 국립보건원
- NOW : National Organization for Women 전미여성연맹

- NPO : Non Profit Organization 민간비영리단체
- NRA : National Rifle Association 전미총기협회
- PAC : Political Action Committee 정치활동위원회
- PPP : Public Private Partner 공공민간통합
- REITs : Real Estate Investment Trusts 부동산투자신탁(리츠)
- SBC : Simpson Bowles Committee 심프슨보울위원회
- SNAP : Supplemental Nutrition Assistance Program 영양섭취 지원 프로그램
- SNS : Social Network Service 소셜네트워크서비스
- TPP : Trans-Pacific Partnership 환태평양경제동반자협정
- TRIPs : Trade Related Intellectual Properties 무역 관련 지적재산권 협정
- UAW : United Automobile Workers 전미자동차노동조합
- UN : United Nations 국제연합
- USAID : United States Agency for International Development 미국 국제개발처
- USDA : United States Department of Agriculture 미국 농무부
- USTR : United States Trade Representative 미국 통상대표부
- WHO : World Health Organization 세계보건기구
- WINNER : Watershed Initiative for National Natural Environmental Resources 자연환경자원을 위한 전환점